W0332241

Stb

DR. ANTON STANGL, selbständiger Psychologe, ist seit vielen Jahren bekannt durch zahlreiche Publikationen. In seiner langjährigen Tätigkeit als Seminarleiter hat er die Kunst auf den Punkt gebracht, schwierige Zusammenhänge souverän und klar darzulegen. Er leitete viele Jahrzehnte Seminare über Eutonie, Zen-Meditation und geistiges Heilen.

Fundiert und mitreißend erklärt der Autor die feinstofflichen Zusammenhänge zwischen dem Pendel, dem Leser und dem Energiefeld. Er zeigt, wie sich mit einfachsten Mitteln ein Instrument herstellen läßt und beschreibt – unterstützt durch Zeichnungen und Übersichten – wie man ganz leicht selbst entscheiden und wahrnehmen kann, ob ein Energiefeld, ein Nahrungsmittel, eine Situation, ein anderer Mensch oder eine Wohnung mit der eigenen Energie harmonisch schwingt und daher unterstützend wirkt.

Anton Stangl

Der Schwingpendel als Energiesensor

Energieschwingungen erkennen und auswerten

Mit 23 Zeichnungen von
Barbara Stangl

Stb

Die hier zur Verfügung gestellten Informationen sollen Ihnen als Unterstützung dienen, damit Sie – zusammen mit Ihrem Arzt oder Heilpraktiker – eigenverantwortliche Entscheidungen in Gesundheitsfragen treffen können. Bei gesundheitlichen Störungen sollten Sie die vorgestellten Methoden erst nach Absprache mit Ihrem Arzt oder Heilpraktiker anwenden, sie bieten keinen Ersatz für eine von diesem verordnete Behandlung. Weder Autor noch Verlag übernehmen für eventuelle Schäden, die aus den im Buch erteilten Hinweisen entstehen, eine Haftung.

© 2006 Schirner Verlag, Darmstadt
Alle Rechte vorbehalten

ISBN 3-89767-459-9
Ab 2007: ISBN 978-3-89767-459-2

1. Auflage

Umschlaggestaltung: Murat Karaçay
Satz: Elke Truckses
Herstellung: Reyhani Druck und Verlag, Darmstadt

www.schirner.com

Inhaltsverzeichnis

Einführung

Dieses Buch will jedem Menschen in unserer kompliziert gewordenen Welt, der dafür aufgeschlossen ist, ein Hilfsmittel bieten, das ihm in seinem Lebensalltag bald unersetzlich sein wird. Es zeigt die lebendigen Energieschwingungen, die uns vielfältig umgeben und einhüllen, wenngleich wir sie nicht wahrnehmen können. Daher nannte ich dieses einfache Gerät schlicht Energiesensor. Und das Wichtigste: Es zeigt uns diese Schwingungen so auf, daß wir ihre sowohl körperliche als auch seelisch-geistige Bedeutung für unseren Organismus in vielerlei Hinsicht erfassen können. Darin liegt sein kaum zu überschätzender Wert.

Das Buch will den Leser mit diesem so vielseitig verwendbaren Hilfsgerät nicht nur bekanntmachen: Es gibt dem Leser den Energiesensor sozusagen gleich in die Hand. Ist seine Herstellung doch so denkbar unkompliziert, daß ihn jedermann in wenigen Minuten und noch dazu ohne jeden finanziellen Aufwand selbst machen kann. Auch wer mit jedem Euro rechnen muß, soll ihn sich zunutze machen können. Selbst in der allereinfachsten Form, die ich nach langem Experimentieren herausfand und hier vorstelle, arbeitet er mit vollwertigen Ergebnissen.

Eingangs wird die zugrundeliegende Gesetzlichkeit des Schwingpendels knapp dargestellt. Sie liegt offen zutage für den, der sich den zweifelsfreien Erkenntnissen der modernen Kernphysik nicht verschließt. So wie bis heute der größte Gelehrte noch nicht in der Lage ist, das Wesen des elektrischen Stroms zu erklären, und wir doch damit an das Wunderbare Grenzendes bewirken (wenn wir uns nur an seine Gesetze halten), so können wir auch mit dem hier vorgestellten Energiesensor anfangs unglaublich erscheinende Erkenntnisse von größtem Wert für unser Leben gewinnen. Was soll es, wenn unserem kritischen Verstand das Zusammenspiel der Kräfte dabei im einzelnen nicht restlos geklärt erscheint? Fest steht: Bei richtiger Handhabung sind die Ergebnisse nicht zu bezweifeln. Und darauf kommt es in erster Linie an, denn ich schreibe dieses Buch für die Lebenspraxis.

Nach der exakten Beschreibung des Geräts und der Anleitung zur Selbstherstellung folgt die genaue Anweisung für die richtige Handhabung und für das Vermeiden der dabei möglichen Fehler. Und schließlich ist der größte Teil des Buches der praktischen Verwertung des Energiesensors im täglichen Leben gewidmet, gegliedert nach den verschiedenen Anwendungsbereichen und zu besonderen Zwecken.

Mein 1987 veröffentlichtes erstes Pendelbuch hat viele Menschen mit dem Energiesensor bekanntgemacht, den ich dort erstmals vorstellte. Es hat eine unerwartet gute Aufnahme gefunden. Ich habe eine so große Zahl von begeisterten Stimmen zu diesem einfachen und geradezu unglaublich wirkungsvollen Gerät vernehmen dürfen, daß ich es fast schon für meine Pflicht hielt, ihm ein eigenes Buch zu widmen.

Nun ist es an der Zeit, den inzwischen beträchtlich erweiterten und durchaus gesicherten Erfahrungsschatz in einer völlig überarbeiteten Neuausgabe zu veröffentlichen. Die zum Teil wesentlichen Ergänzungen werden auch schon mehr oder minder erfahrene Benutzer von Schwingpendeln aller Art zu schätzen wissen.

Jetzt ist das Stichwort gefallen: *Schwingpendel* scheint mir der beste Oberbegriff für alle Arten dieses Geräts zu sein. Des öfteren wird auch die Bezeichnung Einhandrute gebraucht, im

Unterschied zur normalen Wünschelrute, deren Gebrauch beide Hände voraussetzt.

Das Wort Schwingpendel halte ich indes für treffender, weil die Arbeitsweise und die vergleichsweise reichhaltigen Schwingungsbewegungen viel mehr denen des Pendels als denen der Rute ähnlich sind, wenn nicht sogar teilweise gleichen. Der von mir so genannte Energiesensor ist also nur *eine* Art der verschiedenen Schwingpendel, die heute auf dem Markt unter verschiedenen Namen angeboten werden. Sie unterliegen alle der gleichen Gesetzmäßigkeit.

Dieses einfache Gerät wurde aus den Erfahrungen heraus entwickelt, die aus dem jahrtausendelangen Gebrauch von Wünschelrute und Pendel vorliegen. Es besteht aus einem Stück relativ dünnen Stahldrahts (oder einer ebenso hochelastischen Glasfaserrute) mit einem Gewicht an einem Ende. Am anderen Ende befindet sich ein einfacher Handgriff. Das Gewicht muß genau auf die Elastizität des Stahldrahtes abgestimmt sein, damit dieses – der *Sensorkopf* – leicht zum Schwingen kommen kann. So wird die Handhabung in horizontaler Haltung mit nur einer Hand möglich.

Das ist im Grunde schon alles. Die Details der verschiedenen Ausführungen sind unwesentlich. Der Schwingpendel ermöglicht weitergreifende Ergebnisse als das nach unten hängende traditionelle Pendel. Außerdem kann die andere Hand sozusagen als Antenne benutzt werden, was wiederum viele Vorteile und präzise Erkenntnismöglichkeiten bietet. Davon mehr in den späteren Ausführungen.

Isaac Newton sagte schon vor rund 300 Jahren: »Was wir wissen, ist ein Tropfen. Was wir nicht wissen, ist ein Ozean.« Mögen inzwischen aus dem einen einige Dutzend oder sogar hundert oder tausend Tropfen geworden sein, so stehen wir doch noch immer am Strand des Ozeans und sehen nur die nahegelegene Horizontlinie seiner für uns unermeßlichen Massen. Und wenn der große Naturwissenschaftler Rudolf Virchow, einer der Wegbereiter der modernen Medizin, es vor hundert Jahren ungeschminkt als das Dümmste bezeichnete, über Neues, was man nicht begreift, zu lachen, so gilt das heute so wie damals und wie vor tausend Jahren und wie es immer gelten wird. Wer könnte dem helfen, der Herz und Kopf verschließt?

Der Wert und der praktische Lebensnutzen des Schwingpendels oder des Energiesensors kann gar nicht hoch genug eingeschätzt werden: Wie mir viele Anwender berichteten, ist der Energiesensor für sie rasch eine Hilfe geworden, die sie vor manchem Übel bewahrt und reichlich mit Gutem beschenkt hat. Was kann doch allein schon die rechtzeitige Feststellung bewirken, was unserem Körper guttut und was nicht, wo wir ihm tagtäglich die verschiedensten Nahrungsmittel, Getränke oder auch Medikamente aller Art zuführen! Für mehr und mehr Heilpraktiker, Ärzte und Tierärzte ebenso wie für das Heer aufgeschlossener Menschen wird dieses denkbar einfache Instrument zu einer alltäglichen Hilfe, die bald unentbehrlich wird. Insbesondere für die stets steigende Zahl von Allergikern ist es oft die letzte Rettung.

Wie sagte der Nobelpreisträger Professor Krebs (Oxford):

»Forschen heißt, das sehen, was andere nicht sehen, und denken, was andere nicht gedacht haben.«

Jeder, der den Mut zu diesem eigenständigen Denken hat, ist auf seine Weise ein echter Forscher. Sein Lohn ist, daß er reich beschenkt wird mit dem geistigen Eindringen in das, was ansonsten immer dunkel und geheimnisvoll bleibt. In diesem Sinne möge auch jeder Leser so, wie es mir vor Jahren beschieden war, von der Faszination dieses Geräts ergriffen und sein eigener Forscher werden.

Anton Stangl

Einige Beispiele aus der Lebenspraxis

1. *Ein eindrucksvolles Erlebnis*, das ich selbst in der Zeit unmittelbar *nach der Katastrophe von Tschernobyl* hatte: Wir leben im südlichsten Zipfel des Landes Hessen nicht allzuweit entfernt von Heidelberg, wo wir seit Jahren auf dem Markt gern unser Frischgemüse einkaufen. Da wurde berichtet, daß gerade in unserem Bereich und in der mehr südlichen Pfalz starker radioaktiver Niederschlag gefallen sei, ausgerechnet also in den Gebieten, die den Heidelberger Markt beliefern. Die meisten hier Lebenden waren selbstverständlich stark verunsichert: Darf ich, darf ich nicht, muß ich nicht trotz aller Bedenken ...? – In dieser Lage nur zu verständlich. Da machte ich mir eine einfache Schutzhülle für meinen Energiesensor, steckte ihn in meine Tragetasche und prüfte, auf dem Markt zwischen den Ständen stehend, in aller Ruhe Gemüse und Salatköpfe, die ich, wie später beschrieben, vor Brust und Magen hielt. Bei etwa dreiviertel der Stände lehnte der Energiesensor die Ware teils scharf, teils gemäßigt ab und gab bei nur wenigen Ständen ausschließlich positive Antworten. Selbstredend kaufte ich dann diese Ware, die aus einem ganz bestimmten, relativ eng begrenzten Gebiet der südlichen Pfalz kam. Einige Zeit später konnte ich in der Lokalpresse lesen, daß gerade dieses Gebiet von der aus Tschernobyl hergewehten Radioaktivität, aus welchen unberechenbaren Gründen auch immer, so gut wie völlig verschont geblieben war, wie die exakten Bodenmessungen ergeben hatten. (Nachsatz: Unvergessen ist mir eine quicklebendige 83jährige Dame, die mich bei dieser

Salatkopfauswahl höchst interessiert beobachtet hatte, mit mir ins Gespräch kam und sich noch am gleichen Tag ihren eigenen Energiesensor anfertigte!)

2. Einer erfahrenen Heilpraktikerin mit hervorragendem wissenschaftlichen Hintergrund (Apothekerin und langjährige Dozentin an einer Ausbildungsstätte für Apothekergehilfen) stellte sich eine Patientin mit voll entwickelter *schwerer und stark schmerzender Gürtelrose* vor, die sie seit sieben Jahren plagte und ihr das Leben gründlich vergällte. Alle medizinischen Hilfen waren in dieser langen Zeit ausnahmslos ohne Erfolg. Ihr wissenschaftliches Fachwissen riet der Heilpraktikerin zu einem bestimmten Medikament A, ihr Gefühl für diese Patientin aber zum Medikament B, jedoch ohne ausreichende fachliche Begründung, ja sogar bei fachlichen Bedenken. Sie entschloß sich zur Prüfung mit dem Energiesensor, der eindeutig bei A negativ und bei B stark positiv reagierte. Sie entschied sich daraufhin, nach beträchtlichem Zögern und nicht ohne Bedenken, zugunsten der Energiesensor-Aussage für B. Ergebnis: Nach einer bei der Schwere des Falles verblüffend kurzen Zeit von einer guten Woche war die Patientin von ihrer langen Qual befreit, die Gürtelrose war buchstäblich wie durch ein Wunder geheilt, und die Patientin blieb ohne Rückfall.

3. *Ein Tierarzt*, der zusammen mit einer Kollegin ein Pendelseminar besucht hatte, schrieb: »Seit unserer Teilnahme an Ihrem Seminar im April dieses Jahres haben meine Kollegin und ich *viele Bereiche der Therapie und Diagnose* für unsere Tierpatienten durch die Anwendung des Energiesensors erschlossen. Die Resultate sind für beide Seiten, Patienten und Arzt, geradezu beglückend!«

4. *Eine Schweizer Therapeutin* konnte mit Hilfe des Energiesensors mehreren Patienten, die des öfteren unter *schlimmen Allergien* litten, genau sagen, welche Arten von Quark, Käse, Gemüse, vor allem auch von Kräutertees für sie ohne weiteres verträglich waren und welche nicht. Selbstverständlich prüfte sie alle eingenommenen Nahrungsmittel, Getränke und benutzten Kosmetika. Im Fall einer besonders allergieanfälligen Dame, die unter ständigem Hautjucken an den Beinen und einem offenen Bein litt, kamen die Mediziner unabhängig von der Untersuchung mit dem Energiesensor in der dermatologischen Abteilung des Inselspitals in Bern zu dem gleichen Ergebnis. Die Ursache der Allergie waren feinste Spuren von Wollfetten, die in den zu vermeidenden Substanzen normalerweise enthalten sind. Das konnte der Energiesensor natürlich nicht feststellen, aber das für die Praxis einzig wesentliche Ergebnis, nämlich welche Produkte die Patientin zu meiden hatte, stimmte exakt überein.

5. Zuschrift eines Ingenieurs: »Meine Frau hat bei Ihnen einen Energiesensor und Ihr Buch zum Sensor erworben. Auch ich habe mich inzwischen gründlich mit diesem Phänomen beschäftigt und *fand alle Ihre Angaben bestätigt*. Wir konnten beispielsweise hochvitalisiertes Wasser erzeugen und die energetischen Veränderungen detektieren. Entsprechendes gilt für die Analyse von Korrespondenz, Dokumenten und Lebensmitteln. Ihre Publikation leistet hier einen hohen Dienst und Beitrag. Herzlichen Dank. Ich bin Naturwissenschaftler, Ingenieur und Philosoph (...). Demgemäß versuche ich, physikalische, technische und spirituelle Aspekte in einem möglichst ganzheitlichen Weltbild zu sehen. Die beobachtbaren Phänomene des Energiesensors, der im Sinne der Systemtheorie ein

multifunktionales Sensor-Aktuator-Kopplungsnetzwerk darstellt, bestätigen alle heutigen (und historischen) Erkenntnisse über Materie-, Energie- und Informations-Relationen (der Terminus Information ist hierbei nur ein abstrakter Begriff für Geist).«

6. Bei einer *Heilpraktikerin* findet sich eine Patientin mit *starken arthritischen Schmerzen in den Knien* ein. Die Heilpraktikerin greift in ihr Regal mit den häufig von ihr verordneten Medikamenten, nimmt rasch eines heraus und prüft es mit dem Energiesensor an der Patientin. Dieser reagiert positiv, das heißt, dieses Heilmittel ist in diesem Fall in der Tat gut. Als sie es wieder in die eigene Hand nimmt, stellt sie fest, daß sie sich bei dem raschen Hineingreifen in ihren Medikamentenschrank vergriffen und an der Patientin ein spezielles Herzmittel überprüft hatte. Sie erschrickt darüber, daß ihr dieser Fehlgriff unterlaufen war, wird aber wegen der positiven Antwort des Energiesensors aufmerksam. Daher fragt sie die Patientin, ob sie eine Herzstörung habe, die für die Anwendung dieses Herzmittels charakteristisch ist, was ihr dann mit der erstaunten Gegenfrage bejaht wird: »Woher wissen Sie denn das, ich habe Ihnen davon ja gar nichts gesagt, weil ich weiß, daß mir da doch nichts helfen kann?« – Bei diesem Erlebnis spricht die Wissenschaft von einem doppelten Blindversuch von höchstem Aussagewert!

Frage zum Abschluß: Müssen solche Erlebnisse, die sich bei vielen Medizinern in ähnlicher Weise eingestellt haben und sich wiederholen, nicht ein unbedingtes Vertrauen zu diesem Gerät begründen?

Wesen und Hintergrund des Schwingpendels

Dieses erste Kapitel soll uns die Hintergründe aufzeigen, die das Geheimnis des Schwingpendels, *das Geheimnis der Radiästhesie (»Strahlenempfindsamkeit«)* ausmachen. Doch fragen wir uns zunächst: Was ist dieses Gerät eigentlich für ein eigenartiges Instrument, seit wann existiert es, und wozu dient es? Diese Fragen lassen sich rasch und klar beantworten.

Der »Schwingpendel« *besteht grundsätzlich aus nur drei Teilen*: dem Stahldraht mit dem auf seine Elastizität abgestimmten Gewicht am einen und (in der Regel) dem Handgriff am anderen Ende (detaillierte Beschreibung in Kapitel »Das Instrument und seine Handhabung«, Seite 45). Die äußerlich noch so verschiedenen Ausführungen gehen alle auf das gleiche Grundprinzip zurück, um das es hier zunächst geht.

Es geht also um eine der Erscheinungen, die man seit geraumer Zeit unter dem Oberbegriff *Radiästhesie* zusammenfaßt. Denn so wie die seit altersher bekannten und genutzten Werkzeuge von Rute und Pendel solche energetischen Schwingungen aufzeigen, die für unsere menschlichen Sinne normalerweise nicht erkennbar sind, so tut das auch der Energiesensor in einer Weise, die über unsere Erkenntnismöglichkeiten beträchtlich hinausgeht.

Das erste Gerät dieser Art hat nach allem, was wir wissen, der italienische Professor Pasquini Anfang der dreißiger Jahre dieses Jahrhunderts geschaffen. Er nannte es »Aurameter«, weil er es in erster Linie für die Feststellung und Messung der menschlichen Aura benutzte, also der energetischen Ausstrahlung des menschlichen Organismus. Anscheinend ist seine so bedeutungsvolle Entdeckung dann zunächst in Vergessenheit geraten, bis sie in den USA (Dr. Christopher Hills) und in Deutschland (Dr. Josef Oberbach) in der Folgezeit wieder aufgegriffen und weiterentwickelt wurde. Der Einsatz dieses Geräts wurde über die bloße Arbeit an der Aura hinaus wesentlich erweitert.

Ein großes Verdienst kommt in Deutschland vor allem Dr. Oberbach zu, dessen Gerät (»Biotensor«) offensichtlich der Anlaß war, daß mehrere Hersteller in den letzten Jahren in etwas veränderter Form ganz ähnliche Geräte unter verschiedenen Namen auf den Markt brachten. Bei meinem jahrelangen Arbeiten mit solchen Geräten entdeckte ich bald, daß es – ganz ähnlich wie bei Rute und Pendel – keinerlei aufwendiger und damit teurer Konstruktionen bedarf, um vollwertige Ergebnisse zu erzielen.

Es genügt schon die einfachste Ausführung, die das Prinzip verwirklicht: die hochgradige Elastizität eines horizontal gehaltenen und nicht zu kräftigen Stahldrahts mit dem richtig bemessenen Gewicht an seinem Ende zum Kenntlichmachen von energetischen Vorgängen, sei es im Körper dessen, der ihn in der richtigen Weise hält, oder einer anderen Person. Alles, was dafür wichtig ist, wird später noch im einzelnen dargelegt werden.

Alles ist schwingende, fließende Energie

Der Hintergrund für die sichere Arbeitsweise mit diesem einfachen Gerät liegt in der Tatsache, daß alles und jedes, was existiert und geschieht, Folge und Auswirkung von schwingender, fließender Energie ist, ob es sich um »tote« Materie, »lebende« Körper, ob um seelische, geistige oder spirituelle Geschehnisse handelt. Daran kann heute im Zeichen der Erkenntnisse aus der Kernphysik und aller Wissenschaften, die sich mit atomaren und subatomaren Vorgängen beschäftigen, kein Zweifel bestehen. Das haben übrigens die »Atomistiker« unter den altgriechischen Philosophen und vor ihnen bereits asiatische Weise schon ein halbes Jahrtausend vor Christus gelehrt. Wir fangen heute erst an, die nahezu unendlichen Schlußfolgerungen zu ziehen, die sich aus dieser Wandlung des Fundaments unseres Weltbildes ergeben. Das vorliegende Buch versucht, eine der in der Tat grenzenlosen Auswirkungen dieser Erkenntnis für uns alle nutzbar darzustellen. Es ist die Erscheinung der Radiästhesie.

Wie ist das Phänomen der Radiästhesie zu erklären? Dazu muß man als erstes in seiner ganzen Bedeutung verstehen, daß tatsächlich *alle möglichen Lebensprozesse* energetischer Natur, das heißt, *die Auswirkung von unermüdlich schwingender Energie* sind. Wie schon gesagt, hat die moderne Kernphysik unwiderlegbar aufgezeigt und bewiesen: Nicht die Materie ist das Beständige und wir Menschen das Vergängliche – wie die große Mehrzahl der Menschen im Sinne der nur materialistisch orientierten Naturwissenschaft heute noch glaubt –, sondern Materie und Mensch sind in gleicher Weise nur Erscheinungsformen der allgegenwärtigen, in ihrem Ursprung noch immer rätselhaften Urenergie, die sich uns in vielerlei

Gestalt darbietet. Es gibt letzten Endes keine Materie an sich, es gibt nur energetische Schwingungszustände von ganz verschiedenen Frequenzen und unterschiedlicher Dichte.

Ich zitiere *den großen Naturwissenschaftler Max Planck* (1858-1947), der über seine Arbeit und seine Erkenntnisse mehr und mehr auch zum Philosophen wurde:

- »So sage ich Ihnen nach meinen Erforschungen des Atoms dieses: Es gibt keine Materie an sich. Alle Materie entsteht und besteht nur durch eine Kraft, welche die Atomteilchen in Schwingungen versetzt und sie zum winzigsten Sonnensystem des Atoms zusammenhält.«
- »Materie an sich gibt es nicht, es gibt nur den belebenden, unsichtbaren, unsterblichen Geist als den Urgrund der Materie ..., den ich mich nicht scheue, Gott zu nennen.«
- »Das Atom öffnet der Menschheit die Tür in die verlorene und vergessene Welt des Geistes.«

Überall, wo Leben ist, fließen lebendige Kräfte in Gestalt energetischer Abläufe. Ohne sie gibt es in der Tat kein Leben! Es ist weit mehr als die bloße Summe von chemischen Abläufen: Es ist allerfeinstes Geschehen unaufhörlicher elektronischer Vorgänge in und zwischen den verschiedenartigsten Zellverbänden. Alle Prozesse des Lebens spielen sich in einer Mikrowelt von Schwingungen und in vielfältigsten Frequenzen ab. Ob wir nun von bioelektrischen oder wie die Russen von bioplasmatischen Strahlungen sprechen, von den Mikrokraftwerken der einzelnen Zellen, von den Biophotonen (den Trägern des Informationsflusses von Zelle zu Zelle), von den sogenannten Nervenimpulsen oder von Ionen (den Transporteuren der spezifischen elektrischen Ladungen): Immer begegnen uns die Körperzellen als Träger der offensichtlich universellen Lebensenergie, die Schwingungs- oder Strahlungsimpulse ebenso abgeben wie empfangen.

Diese Phänomene gehören zu den elementarsten Voraussetzungen biologischer Systeme. Ohne sie gibt es keine Übermittlung von Nervenimpulsen, keine Ernährung, kein Wachstum, keine Bewegung. Was würden dem Körper auch alle seine Aufbaustoffe nützen, wenn er nicht die Energie hätte, sie im Sinn seiner Organgesetzlichkeiten nutzbringend zu verarbeiten und zu verwerten? Demnach liegen allen Lebensvorgängen energetische Organisationsmuster zugrunde, die ihre natürliche Schwingung und Ausstrahlung haben. Die strukturierende Lebenskraft ist also das letztlich Wesentliche und nicht die materielle Verkörperung mit ihren Zellen als den bloßen Bausteinen der lebenden Natur.

Diese alles schaffende und alles steuernde Lebenskraft hatte zu allen Zeiten und in allen Völkern einen eigenen Namen: *die »Seele«*. Auch ihre ständig pulsierende Wechselwirkung mit dem Körper, die für den Gegenstand dieses Buches so wichtig ist und manchem selbst heute noch zweifelhaft erscheint, erklärt sich so von ganz allein. Jedes Gefühl und jeder Gedanke ist eine Erscheinung von schwingender Energie. Zum Beispiel bewirken, beeinflussen und steuern psychische Vorgänge wie etwa Liebe oder Haß elektrophysikalische Phänomene. Das EKG (Elektrokardiogramm: Aufzeichnung der Aktionsströme der Herzens), das EEG (Elektroenzephalogramm: Aufzeichnung der Gehirnströme) und die Kirlian-Fotografie (Sichtbarmachung der Korona oder Aura des Körpers) beweisen es neben anderen Möglichkeiten absolut zweifelsfrei. So wies auch der in der ganzen Welt berühmt gewordene Medizinprofessor August Bier seinerzeit darauf hin, daß das Wesen des Lebens die Seele sei, auch wenn gewisse Kollegen an sie ebensowenig glauben würden wie an Gott.[1]

Der Begriff »Gott« ist doch nichts anderes

- religiös formuliert: als die für uns Menschen unerklärliche und unfaßbare Schöpferkraft und Allmacht,
- vom Intellekt her gesehen: als der Geist (im weitesten Sinn) mit dem ihm innewohnenden Ordnungsprinzip oder der Schöpfergeist,
- naturwissenschaftlich ausgedrückt: als die Schöpfungs-, die kosmische oder Urenergie,
- psychologisch empfunden: als das höchste Bewußtsein, das alles Existierende umschließt.

Dieser Gott, dieser Geist, diese Urenergie, dieses allumfassende Bewußtsein – sie zeigen sich uns in der Unendlichkeit des Kosmos. Unendlich erhaben über alle formalen Religionen dieser Welt, die sich alle letztlich doch immer nur auf diese uns rätselhaften Schöpfungskräfte beziehen.

Ich füge noch an: Die in ihrer Schlichtheit und Klarheit treffendste Bezeichnung für das, worum es hier geht, stammt für mein Gefühl von nordamerikanischen Indianerstämmen. Sie sehen in Gott *»den Großen Geist, der in allem lebt und wirkt«*.

Er lebt und wirkt in allem und jedem, was existiert, in der sogenannten »toten« Materie und der sogenannten »lebenden« Substanz. Er lebt in jeder menschlichen Seele als deren winziger Anteil an der allgewaltigen Schöpferkraft, als der Tropfen aus dem Ozean von Energie und Geist. Der Ursprung dieser allgewaltigen Schöpferkraft, bleibt uns Menschen verborgen.

Ob unser kleiner Verstand all das bewußt erkennt und in Demut und Ehrfurcht anerkennt oder ob er sich selbst zum Herrn der Dinge aufspielt: Macht das etwa einen Unterschied, ändert es auch nur das Geringste an der »Großen Ordnung« unserer Welt?

Ich bitte um Verständnis, daß ich an dieser Stelle nicht näher auf die Hintergründe und Auswirkungen, etwa in Gestalt plastischer Beispiele, des vorliegenden Grundzusammenhangs eingehen kann. Soweit das speziell für Begründung und Verstehen der Radiästhesie, also für die Wirkungsweise von Wünschelrute, Pendel und Schwingpendel erforderlich ist, habe ich das im einleitenden Teil des 1996 veröffentlichten Werks »Das Große Pendelbuch«[2] wohl ausreichend getan. Auch viele Folgerungen daraus, die ebenso wichtig für die Arbeit mit dem Schwingpendel sind, habe ich dort dargelegt. Alles das hier zu wiederholen, wäre wenig sinnvoll. In früheren Veröffentlichungen kam ich zwangsläufig und mehr oder weniger ausführlich auf die energetische Natur aller Lebenserscheinungen zu sprechen, auf das unaufhörliche Schwingen der atomaren Prozesse.[3]

Wir leben im Gefängnis unserer Sinne

Nahezu alle seither geschilderten Vorgänge vollziehen sich im Inneren unseres Körpers. Wir können sie normalerweise nicht sehen und mit keinem anderen Sinn wahrnehmen. Deshalb fällt es uns zunächst so schwer, das alles zu glauben oder gar davon überzeugt zu sein. So sind wir jetzt bei einer zweiten Erkenntnis von größter Bedeutung: Wir (die wir letztlich auch nichts anderes sind als schwingende, fließende Energie) müssen in der Tiefe unseres Wesens die Tatsache aufnehmen und akzeptieren, daß wir nun einmal *in der begrenzten Welt, ja im Gefängnis, unserer Sinne leben* und daher die beschriebene Grundlage unseres Seins ebensowenig erfassen können, wie alle die »Welten«, die mit unseren engbegrenzten Sinnen in ihren andersartigen Schwingungen für uns nicht wahrnehmbar sind. So wie das beispielsweise mit den heute fast unendlich mannigfachen Funk- und Fernsehwellen der Fall ist, die uns an jedem Ort und in höchster Dichte umgeben. Vor allem unser Kopf, unser Denken, auf das wir Menschen doch so stolz sind, hat von diesem komplexen Energiespiel in unserem Organismus und um ihn herum kaum eine Ahnung, in gewissem Gegensatz zu unserem vegetativen Nervensystem, dessen Lebendigkeit unserem Bewußtsein doch verborgen bleibt.

Daher sehen wir die Wirklichkeit gar nicht so, wie sie ist, *die wahre Wirklichkeit von unendlich vielfältigen und allgegenwärtigen Energiefeldern*. Die Welt, die wir erfassen können, ist nur die äußere Erscheinung eines für uns nicht existierenden vielgestaltigen Gemenges von immer wieder anders zusammengefügten Energiestrukturen. Erst unsere Sinne und unser Geist »machen« aus Energiewirbeln für uns die Materie, die wir wahrnehmen. Daher »wissen« wir es nicht, daß wir wahrhaftig in einem Meer von Energie schwimmen:

- Sie fließt uns von der Sonne zu,
- sie läßt unser Herz schlagen,
- sie hält unsere Füße und trägt unseren Körper,
- sie steckt in jedem unserer Gedanken und in jedem gesprochenen Wort,
- sie strahlt uns aus jeder Blume und aus jedem Baum an,
- wir atmen sie ein,
- wir nehmen sie mit der Nahrung auf,
- sie kommt uns aus jedem unserer Mitmenschen und aus allen Lebewesen entgegen
- und: Wir sehen, hören, fühlen, schmecken und riechen sie nicht, und deshalb vergessen wir sie! Weil sie uns allzu selbstverständlich ist. Also ist sie für unser Bewußtsein ganz einfach nicht da. Dabei ist sie für jeden die aus der Tiefe sprudelnde Quelle unseres Lebens und Seins.

Das wichtigste Phänomen für unser praktisches Arbeiten mit dem Schwingpendel/Energiesensor ist in diesem Zusammenhang *die Tatsache der Aura*. Nehmen Sie diesen Begriff bitte nicht nur in dem zumeist gebrauchten engeren Sinn der menschlichen Aura. Nehmen Sie ihn in dem weitgreifenden Sinn, der *jegliche Ausstrahlung von schwingender Energie* umfaßt. Hinter jedem für uns sichtbaren materiellen Körper, oder, treffender gesagt, rings um ihn herum befindet sich der für uns unsichtbare, immaterielle, bioelektrische Körper. Ob wir es Aura oder feinstofflichen Körper nennen (im Gegensatz zum grobstofflichen) oder, wie die russischen Wissenschaftler, Bioplasma: Was macht es für einen Unterschied? Viele bezeichnen dieses Phänomen bzw. die verschiedenen Schichten oder Hüllen auch als Äther-, als Astralleib oder als spirituellen Körper.

Am einfachsten und klarsten ist die Betrachtung nach seinen drei Schichten: die dem materiellen Leib am engsten anliegende »körperliche« Auraschicht, die »seelische« (grob gesprochen etwa 20-35 cm reichend) und die »geistige« (bei innerlich hochentwickelten Menschen bis weit über einen Meter hinausstrahlend). Die individuell verschiedene Ausprägung der Aura in ihrer Ausdehnung, Gliederung, Dichte, feinster Farbschattierung usw. ist der für uns unsichtbare vollendete Wesensausdruck der betreffenden Persönlichkeit.

Diese Aura ist indessen – wie schon angedeutet – nicht begrenzt auf uns Menschen, wie manche glauben. *Überall wo Leben ist, finden wir diesen feinstofflichen Leib*: an jeder Blume, jedem Baum, jedem Tier, an allem was »da kreucht und fleucht«, kurz an jedem lebenden Organismus gleich welcher Art und welcher Entwicklungsstufe. Und nicht nur hier, sondern *auch an den vermeintlich toten Gegenständen*, zum Beispiel an den Steinen, die ja auch nichts anderes sind als eine Erscheinungsform der Energie, die sie geschaffen hat und sie in Gestalt des atomaren Geschehens in ihrem Inneren erhält. Das alles werden Sie bald mit Ihrem persönlichen Schwingpendel bestätigt finden.

Um kurz bei den *Steinen* zu bleiben: Ähnlich wie Wasser haben sie nicht nur eigene Schwingungen in sich, sondern sie haben die Fähigkeit, hinreichend intensive Energieschwingungen, die von außen her lange genug auf sie eingewirkt haben, aufzunehmen und zu speichern, um sie dann ihrerseits wieder abzustrahlen. Auch das können Sie mit Ihrem Schwingpendel selbst erleben: an alten vorchristlichen Kultstätten, an alten Kirchen und Wallfahrtsorten, an alten Hinrichtungsstätten, auch wo sich große Menschenmengen versammelt haben, überall dort, wo starke Gemütsbewegungen lebendig waren.

Der Schwingpendel als besonders empfindlicher horizontal schwingender Pendel zeigt Ihnen auch an, *ob es sich um positive oder negative Ausstrahlungen handelt*. Doch darüber später Genaueres.

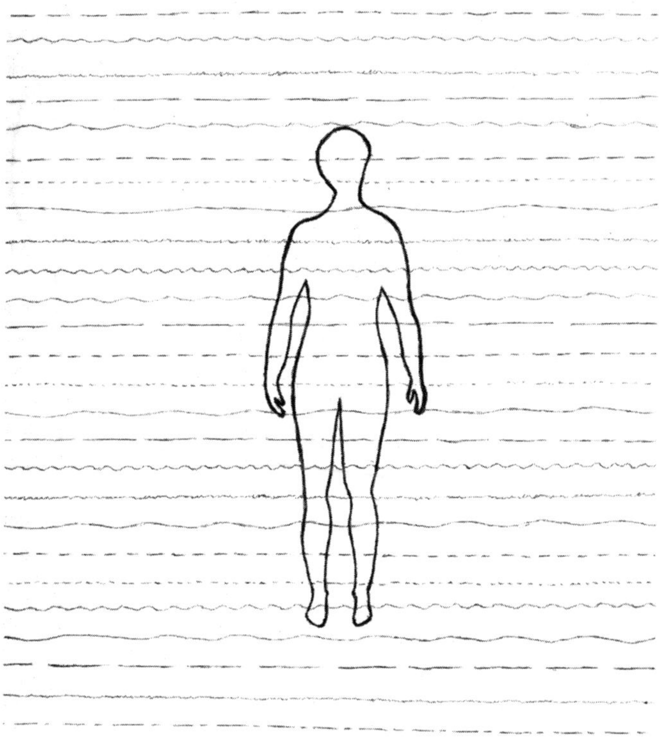

Fazit: Nicht nur »lebendige« Wesen haben ihre eigene charakteristische Strahlung und Schwingung, sondern schlechthin jeder Stoff. Denn es gibt nichts, was im Kern nicht schwingende Energie wäre. Sie muß nur ein kaum vorstellbares Mindestmaß an Stärke aufweisen, dann zeigt sie der Schwingpendel unfehlbar an.

Wenn das alles so ist – und daran kann nach den wissenschaftlichen Erkenntnissen heute kein Zweifel mehr bestehen, dann liegt es auf der Hand, *daß wir uns in einem Meer von Energieschwingungen befinden*, die uns in ihren unendlichen Verschiedenheiten umgeben und einhüllen. Wir bemerken und »wissen« es nur nicht.

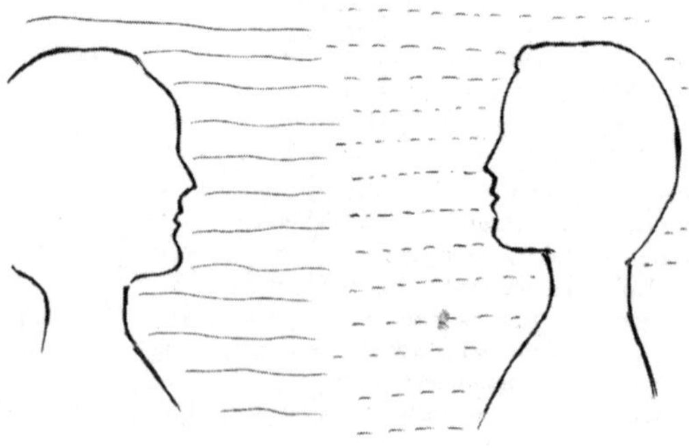

Einige alltägliche Beispiele: Sie gehen auf einer Straßenseite und schauen plötzlich, völlig spontan und unbewußt, zur anderen Seite hinüber oder zu einem Fenster hinauf, wo Sie sofort Blicken begegnen, die auf Sie gerichtet sind. Ein feinster Laserstrahl, das heißt ein Strahl gebündelter Energie, hat Sie getroffen. Oder Sie denken kurze Zeit, ohne daß es Ihnen bewußt wäre, ruhig und gesammelt an einen Ihnen nahestehenden Menschen. Da läutet das Telefon, er ist am anderen Ende und eröffnet Ihnen, daß er soeben an Sie denken und Sie deshalb gleich anrufen mußte. Was war der einfache Grund? Zwei Schwingungsfelder bzw. Schwingungsstrahlen sind aufeinandergetroffen und haben sich mehr oder weniger miteinander vermischt.

Und wie häufig ist doch das auf der Stelle einsetzende Gefühl *der wechselseitigen Abstoßung oder Anziehung*, wenn die verschiedenen individuellen Schwingungsfelder von zwei Menschen aufeinandertreffen! Das eine wie das andere Ergebnis erklärt sich je nach dem abweisenden Aufeinanderprallen dieser beiden Auren mit ihren jeweils verschiedenen Strahlungen oder nach ihrem sofort einsetzenden Ineinanderfließen der etwa gleichartigen Schwingungen; z. B. das bis zum totalen Ineinanderfließen der Auren von zwei sich zutiefst Liebenden, die etwa bei der geschlechtlichen Vereinigung bis zur letzten Faser ihres Organismus gepackt sind vom Erlebnis des totalen Sichhingebens und Einsseins mit dem geliebten Partner.

Bei diesem Ausstrahlen und Aufnehmen von allgegenwärtigen Schwingungen gibt es *keinerlei Grenzen, weder im Raum noch in der Zeit*, zumindest was unsere menschlichen Vorstellungen über diese Begriffe anbelangt. Tausendfache Experimente der Gedankenübertragung (Telepathie) über große und größte Entfernungen hinweg haben bewiesen, daß die ultrafein schwingende Energie der Gedanken keine räumlichen Grenzen kennt. Und weil sie sich nicht in nichts auflösen kann, bleibt sie auch über die Zeiten hinweg erhalten. Denn ihre ganz spezifischen Wellen schwingen weiter und weiter, so wie wir heute schon in der Lage sind, in der damit verbundenen zeitlichen Verschiebung Funksignale von Weltraumsonden aufzunehmen, die von Menschenhand fabriziert sind und sich in für uns kaum noch vorstellbaren Entfernungen von unserer Erde befinden.

Um wieviel großartiger müssen die Kräfte und Fähigkeiten der Natur sein, wie uns *die unerklärlichen Leistungen vieler Tiere* beweisen (z. B. Auffinden von Laichplätzen durch Fische, Insektenfang der Fledermäuse in rasantem Flug bei Dunkelheit, Ortssinn von Zugvögeln, Hunden und Katzen usw.), für die wir den Allgemeinbegriff *»Instinkt«* gebrauchen. Das Phänomen der schwingenden fließenden Energie gibt uns mit höchster Wahrscheinlichkeit eine einfache Erklärung dafür!

Worum es hier geht, zeigen uns auch die altasiatische Überzeugung von der *»Akasha-Chronik«* und die nahezu identische westliche, in der Bibel mehrfach verzeichnete Lehre vom *»Buch des Lebens«*: Dort wie hier ist über Raum und Zeit hinweg alles unauslöschlich »verzeichnet«, was je gedacht oder getan wurde. Denn diese Schwingungen, alle geistigen Schwingungsaktivitäten, sind unauslöschbar. Der Geist ist unsterblich. Und wenn die bekannte Sterbeforscherin Dr. Elisabeth Kübler-Ross gern sagt: *»Unser Unbewußtes weiß alles«*, das heißt, unsere unbewußte Seele ist prinzipiell so etwas Ähnliches wie allwissend, dann bedeutet das doch nur: Unser überheblicher und einseitig herrschender Verstand[4] verschüttet in hohem und höchstem Maß das (und macht es damit oft zunichte), was unser aufgeschlossenes Unbewußtes, unser »Instinkt« für alle nur möglichen Schwingungen erfährt und weiß, mindestens erfahren und wissen kann, auch wenn es unserem bewußten Verstand unbegreiflich bleibt. Die in Vergangenheit und Zukunft schauenden Seher aller Völker und Zeiten legen auch dafür Zeugnis ab. Alle Ausstrahlungen und Schwingungen sind in ihrer Raum- und Zeitlosigkeit immer im Hier und Jetzt.

Jetzt sind wir wieder beim *Schwingpendel*. Mit bewundernswerter Präzision *zeigt er diese Ausstrahlungen und Schwingungen*. In dem Zusammenhang, der uns hier beschäftigt, geht es dabei vor allem um die Reaktion von zwei Schwingungsfeldern, die aufeinandertreffen. Dies können die gegenseitigen Strahlungsfelder von zwei Menschen, von zwei bedeutungsvollen Gegenständen oder die Wirkung eines solchen auf den Menschen sein. Und darin liegt der große Wert des Schwingpendels für uns alle, der wichtig genug ist, ihn als Gegenstand dieses Buches einer breiten Öffentlichkeit anzubieten. Das wird sich Ihnen bei der späteren Behandlung der verschiedenen Anwendungsgebiete noch deutlich zeigen. Ganz bewußt sollen nur solche Anwendungen des Energiesensors hier aufgezeigt werden, die für jedermann jederzeit nachprüfbar und im täglichen Leben bedeutungsvoll sind.

Wie die Bewegungen des Schwingpendels zustande kommen

Nun haben wir uns die Hintergründe, wie ein Schwingpendel funktioniert, klargemacht, so daß wir uns der entscheidenden Frage zuwenden können: Wie ist es möglich, daß *diese mikroelektrischen Schwingungsvorgänge in ganz bestimmte Bewegungen des Schwingpendels einfließen* und sich damit in ihrem Grundgehalt so klar äußern? Das ist eines der Grundprobleme der Radiästhesie, denn bei Rute und Pendel ist die Situation ja die gleiche. Die Antwort auf diese Frage ist im Prinzip einfach genug, wenn auch manches Detail des psychophysischen Zusammenspiels »wissenschaftlich« nicht voll geklärt erscheint. Solange die unvergängliche Lebensenergie von Seele und Geist des Menschen in seinem irdischen vergänglichen Körper gebunden ist, sind die in ihm wirksamen Energieschwingungen und -strahlungen bis zu ihren allerfeinsten Ausprägungen selbstverständlich in dieser seiner irdischen Einheit und Ganzheit lebendig. EKG, EEG und Kirlian-Fotografie beweisen es, wie schon gesagt. Muß es dann noch verwunderlich sein, daß sich auch diese allerfeinsten Schwingungen genauso *in der menschlichen Hand in allerfeinsten Bewegungen* auswirken? Im Prinzip ebenso wie in dem stärkeren oder schwächeren Zittern der Hände einer erregten Person, das wir wegen seiner größeren Intensität mit unseren Augen deutlich wahrnehmen? Offensichtlich ist es nun so, daß sich Nervenerregungen in bestimmten Schwingungen des Schwingpendels kundtun. Sie werden bald selbst das einleitende feine Zittern bzw. die noch unklaren und äußerst knappen unregelmäßigen Erstbewegungen des horizontal gehaltenen Schwingpendels erleben. Erst dann führt das auf ihn einwirkende und für uns unsichtbare feinste Muskelspiel der Hand zu eindeutigen Antwortbewegungen, wenn sich die inneren Schwingungen in unserem Gesamtorganismus entsprechend entwickelt haben.

Nicht umsonst hat schon der feinsinnige Geist Goethe darauf hingewiesen, daß *der Mensch das höchstentwickelte physikalische Gerät* sei. Diese ultrafeinen Energiestrahlungen und -schwingungen sind im üblichen physikalischen Bereich nicht wirkungsvoll und mit den dabei üblichen Methoden auch nicht meßbar. Im biologischen Bereich entwickeln sie dagegen höchste Wirksamkeit. Sie treten über das unbewußte Sinnesinstrumentarium des Menschen in Resonanz mit dem Schwingpendel bzw. der Rute oder dem althergebrachten Pendel und versetzen sie in die je nach dem Impuls zuständigen Bewegungen. So sind die drei radiästhetischen Instrumente eine Verlängerung feinstarbeitender Sinnesorgane, die unser Verstand nicht erfassen kann. Läßt sich das erklären?

Das EEG beweist eindeutig, daß *sich jede noch so leichte »seelische« Gefühlsveränderung sofort in der veränderten »körperlichen« Schwingung der Gehirnzellen kundtut*. Tatsächlich ist es ein und derselbe Vorgang. Von Natur aus ist uns die Einheit von Gehirnstrom-Nervenimpulsen-Muskeln zu eigen, und so sind die Seele und ihre Impulse zugleich im Körper.

Der englische Physiologe W. B. Carpenter hat erstmals 1873 bewiesen, daß jede Bewegungswahrnehmung und -vorstellung den Antrieb in sich trägt, diese Bewegung tatsächlich motorisch zu vollziehen, und zwar ohne jede Beteiligung des bewußten Willens. Es treten nämlich sogleich feine Aktionsströme in der betreffenden Muskulatur auf. Seither spricht man *vom Carpenter-Effekt und von der Ideomotorik*. Sicherlich auch darauf aufbauend, hat der Begründer der Ausdruckspsychologie, Ludwig Klages, um die Jahrhundertwende seine Ausdrucksgesetze geprägt. Eine seiner Formulierungen lautet schlicht: Jede körperliche Bewegung ist in ihrem Antrieb auf das Ziel des seelischen Erlebnisses gerichtet. Was die mit jeder Gefühlsregung eines lebhaften Redners einhergehende Mimik und Gestik überzeugend vorführt, ist nichts anderes als das, worum es hier geht.[5]

Selbstverständlich ist auch *die menschliche Hand als die zauberhafteste Bewegungsapparatur*, die die Natur in der gesamten Schöpfung geschaffen hat, von diesen feinsten Schwingungen, diesen feinsten Nervenimpulsen ergriffen. Sie sind nur so fein, daß wir sie mit den vergleichsweise schwerfälligen leiblichen Sinnen nicht wahrnehmen können. Diese Nervenerregungen und Bewegungsimpulse von Hand und Fingern bewirken je nach der Richtung des von innen kommenden Impulses das beginnende und stärker werdende Aufschwingen der Pendelbewegung. Es erfolgt bei entsprechenden Voraussetzungen immer in der jeweils gleichen Weise (senkrechtes oder waagerechtes Schwingen, Rechts- oder Linksdrehung). Diese präzise Pendelantwort wird bestimmt von dem »Ziel des seelischen Erlebnisses« (des soeben zitierten Ausdrucksgesetzes), das der gefragten Antwort innewohnt. Das ist die nahezu zwingende Erklärung des besprochenen radiästhetischen Problems, das beim Pendel und der Rute nicht anders ist.

Offensichtlich sind in diesen vermeintlich geheimnisvollen Bewegungen physikalische, *also Naturgesetze wirksam*, die wir heute noch nicht kennen. So wie bis heute noch niemand das Wesen des elektrischen Stroms »erklären« konnte. Ist die Bewegung von Pendel und Rute etwa geheimnisvoller? Hier wie dort »wissen« wir nichts von dem Geheimnis. Aber wir halten uns an seine offensichtlichen Gesetzmäßigkeiten und nutzen sie. Ist das nicht genug?

Noch ein grundsätzlich wichtiger Punkt: Bei der praktischen Arbeit und ganz besonders bei der Arbeit mit der mentalen Methode (siehe Kapitel »Die zwei verschiedenen Arbeitsmethoden«, Seite 65) geht es in der Regel darum, aus der *Unzahl von Schwingungen*, die unseren Organismus treffen und in ihm ihre Wirkung haben, *eine einzige herauszufiltern*, weil wir speziell sie überprüfen möchten. Das ist zum Beispiel der Fall, wenn wir die für uns persönlich positive oder negative Schwingung eines Raumes feststellen wollen, in dem sich unabhängig von seiner Eigenschwingung, wie überall sonst auch, ungezählte andere Strahlungen und Energieschwingungen befinden. Dann ist das Wesentliche *die Sammlung unseres Geistes, unseres Bewußtseins einzig und allein auf diesen abzufragenden Punkt*: Jetzt stellt sich unser Unbewußtes ganz auf die eine Schwingung ein und sondert damit alle anderen aus. Und der Schwingpendel, den wir in der Hand halten und dessen Kopf wir ruhig und fest im Auge haben, reagiert ausschließlich auf die herausgefilterte Schwingung.

Bewußt habe ich jetzt das Wort *»Sammlung« und nicht »Konzentration«* gebraucht, weil bei dem letztgenannten Begriff entschieden mehr die bloß verstandes- und willensmäßig bewirkte Zusammenraffung der inneren Kräfte betont ist. Diese baut aber Barrieren im Energiefluß auf, die den gewünschten Erfolg verhindern. Denn die Energie muß frei fließen können. Im Gegensatz dazu sammelt sich der Mensch in Kopf und Gefühl in ruhiger, gleichsam spielerischer Form, wenn er sich ohne jede Verspannung auf nur *eine* Sache einstellt, eben sich zielgerichtet »sammelt«. Dieser Punkt ist von größter Wichtigkeit. Ein hoher Prozentsatz der Fehlschläge wird dadurch verursacht.

Voraussetzungen für das Arbeiten mit dem Schwingpendel

Beim Lesen der bisherigen Ausführungen werden Sie sich schon einige Male gefragt haben, *ob auch Ihnen das Arbeiten mit dem Energiesensor möglich sein wird*. Sie können insofern beruhigt sein, als *grundsätzlich jeder Mensch von Natur aus die Fähigkeit dazu hat*. Sie muß nur wie alle Begabungen entwickelt, geübt und ausgebildet werden. »Es ist noch kein Meister vom Himmel gefallen« sagt das bekannte Sprichwort, und: »Aller Anfang ist schwer«. Dies gilt jedoch nicht immer. Ich habe inzwischen genug Menschen kennengelernt, bei denen der Schwingpendel (in einem höheren Maß als die Rute oder ein Pendel) schon beim ersten Versuch auf Anhieb einwandfrei reagierte, und natürlich mit den richtigen Ergebnissen. Das ist allerdings nicht immer so.

Ähnlich wie bei der Pendelfähigkeit kommt es nach meinen

nun jahrelangen Beobachtungen *im wesentlichen auf folgende Punkte an*:

- auf *die persönliche Empfindsamkeit*, eine ursprüngliche Veranlagung: Je sensibler der Mensch ist, um so feiner kann er verständlicherweise reagieren und auf feine geistige Schwingungen auch körperliche Reaktionen zeigen.
- vor allem auf *den seelisch-geistigen Entwicklungsgrad*, auf die Seinsebene, auf der man lebt: Vorwiegend materiell eingestellte Menschen können nicht erwarten, in Bereiche vorzustoßen, die ihnen mangels Verständnis von vorn herein fremd, wenn nicht suspekt und innerlich gar nicht erreichbar sind.
- auf den *inneren Zustand von Harmonie, Ausgeglichenheit und Gleichmut*. Das bedeutet im allgemeinen Leben »bei sich«, mit sich selbst im reinen zu sein und nur ausnahmsweise »außer sich« zu geraten, also die innere Ruhe und das feste Fundament unter seinen Füßen zu verlieren. In diesem inneren Gleichgewicht ist *das ungestörte Selbstvertrauen* zum eigenen Können da, das einen über die kleinen Krisen hinwegträgt. In ihm stellt sich auch die *hochgradige innere »Sammlung«* leicht ein, angefangen bei der gestellten Frage bis hin zum Einsetzen der Reaktion des Schwingpendels. Sie beruht, wie beim spielenden Kind, auf der selbstverständlichen, ungezwungen-lockeren Einheit von Denken und Fühlen und nicht auf einer bloß erzwungenen »Konzentration« von vorwiegend einseitiger Willensbemühung.
- auf *die volle Einstellung auf die zu lösende Aufgabe*, was die Überwindung des EGO, *das Freisein vom ICH* mit seinem Wunsch nach Geltung, Anerkennung und materiellem

Gewinn voraussetzt. Es geht immer um das reine Motiv, den echten Erkenntnistrieb, und nicht bloß um oberflächliche Neugier. Das gelingt am Ende nur dem, der sich im Erkennen seiner eigenen menschlichen Kleinheit in Bescheidenheit eingeordnet weiß in das Wirken der allgewaltigen unendlichen Kraft, die über allem steht.

- schließlich auf *die nötige Einübung des psychophysischen Zusammenspiels der Kräfte* und Schwingungen im eigenen Organismus (mit der Beherrschung der richtigen Handhabungstechnik: darüber später!), das sich beim einen rascher, beim anderen langsamer einstellt. Gar mancher, der sich anfangs überfordert fühlt, entwickelt sich bald zum Könner!

Schon aus diesen Punkten ergibt sich alles, *was für die Steigerung der Fähigkeit wesentlich* ist. Jeder, der sich um seine innere Weiterentwicklung bemüht, arbeitet an der *Erfüllung der Aufgabe*, die uns allen in dieser Welt gestellt ist: *Uns von der ganz natürlichen kindlichen Egozentrik zum reifen vollen Menschentum zu entwickeln*. Das bedeutet immer Hinaustreten, Hinauswachsen aus dem engen Rahmen, dem engen Gefängnis des ICH. Ohne dies gibt es keine innere Reifung, die dieses Wort wirklich verdient. Es ist ein mühsamer steiniger Weg, auf den man immer wieder hinauftreten muß, ist man von ihm abgekommen. Das ist nicht leicht. Um so weniger, als dieses Reifen im allgemeinen zwar stetig, aber doch nur langsam vor sich gehen kann. Es gibt keinen Ersatz dafür. Wer sich jedoch aufrichtig Tag für Tag darum bemüht, der wird anfangs ausschließlich für sich selbst mit dem Schwingpendel arbeiten, bevor er die Gewißheit haben kann, ihn auch für andere Menschen einzusetzen. In ihm wächst mit dieser

Arbeit an sich selbst von allein die Steigerung seiner Fähigkeiten und damit auch die stetige Verfeinerung seiner Arbeit und seiner Ergebnisse mit dem Schwingpendel.

Alle radiästhetischen Werkzeuge – Rute, Pendel und Schwingpendel – bringen uns immer wieder *in Berührung mit den Kräften, die dahinterstehen und darin wirken*: mit der alles schaffenden und erhaltenden, unablässig schwingenden Urenergie, die unseren Sinnen verborgen bleibt, mit dem uns Unerklärbaren, mit den gewaltigen Schöpferkräften der Natur, mit dem Göttlichen, wie immer wir es nennen mögen. Dann mag uns ein oft fassungsloses Staunen über sein geheimnisvolles Wirken ergreifen, das uns in diesem so einfachen Hilfsmittel begegnet. Durch den Schwingpendel ist uns ein gewisser Einblick in das Wirken Gottes und in das Geheimnis seiner Schöpfung gewährt, der uns bisher verwehrt war. Es mag uns in unserem Menschsein helfen, diese unendliche göttliche Kraft etwas besser zu erkennen und ihr in Demut und Ehrfurcht ein Stückchen näherzukommen.

Der Schwingpendel als Energiesensor

Die gewaltige Schöpfung ist in ihrer Gesamtheit, in den Himmelskörpern wie in allen noch so unbedeutend erscheinenden Details, *durchdrungen von schwingender Energie*, ja sie ist letztlich nichts anderes als unaufhörlich schwingende fließende Energie. Die moderne Kernphysik beweist es ohne einen Rest von Zweifel. Und die tausendfältigen Energieausstrahlungen, die uns die Kirliansche Hochfrequenzfotografie in ihrem erstaunlichen Farben- und Formenreichtum nun schon seit Jahrzehnten aufzeigt, machen sie uns sogar sichtbar. Nach allem, was uns die heutigen Kenntnisse klarmachen, und was ich versuchte, in diesem einleitenden Buchteil deutlich zu machen, darf ich getrost sagen: Wer noch immer nicht begreift, daß hier unbezweifelbare Naturgesetze am Werk sind, ja wer es gar in Zusammenhang bringt mit okkulten Machenschaften oder es als Teufelszeug bezeichnet, dem ist wahrhaftig nicht zu helfen. Die Entwicklung wird über ihn hinweggehen, so, wie es zu allen Zeiten den Menschen geschieht, die sich weigern, sich der Wirklichkeit dieser Welt zu öffnen.

Seit einigen Jahrzehnten vollzieht sich eine rasante Entwicklung, deren Ausgangspunkt und Grundlage letzten Endes die Erkenntnis bildet: »Alles ist schwingende Energie.« Daraus leitet sich die wachsende Bedeutung der Psychoenergie ab: in der Medizin, in den heilkundlichen Anwendungen der Psychologie und in vielen damit verbundenen Lebensbereichen. Diese Entwicklung in unserer Zeit zeigt sich in den Erkenntnissen der Biochemie, der Biophysik und den dazu gehörigen Sonderbereichen der Forschung mit ihren Auswirkungen auf das praktische Leben. Diese Entwicklung läßt die an der bloßen Materie orientierte Naturwissenschaft von gestern immer mehr hinter sich zurück.

Im Zuge dieser Entwicklung gewinnt die Radiästhesie eine nicht mehr wegzudenkende Bedeutung und Wichtigkeit. Gaben schon die althergebrachten Meßinstrumente der Wünschelrute und des Pendels die Möglichkeit von recht exakten Messungen im Bereich der ultrafeinen mikroelektrischen biologischen Energiestrahlungen, so gilt das in noch größerem Ausmaß für den Schwingpendel. In den letzten Jahren hat er eine rasch wachsende Bedeutung erlangt, nicht nur bei Forschern und Wissenschaftlern, sondern auch in den Händen eines interessierten Publikums, das seine besonderen Fähigkeiten zum Besten seines Lebens zu nutzen lernt. Diese Entwicklung wird sich in den kommenden Jahren wohl noch beschleunigen. Denn die auf der Hand liegenden positiven, zum Teil Aufsehen erregenden Ergebnisse all derer, die dieses wirkungsvolle und doch so einfache Instrument zu nutzen wissen, sprechen eine eindeutige Sprache.

Auf der anderen Seite werde ich nicht versäumen, in diesem Buch *die zusätzliche Verwendung des Schwingpendels als eine andere Art des normalen Pendels* aufzuführen in Gestalt der zweiten »Arbeitstechnik«, wo es nicht um die unmittelbare Begegnung von zwei Schwingungsfeldern geht, sondern um die mentale Einstellung in voller innerer Sammlung auf nahezu jede Fragestellung. Unterliegt das Arbeiten auf diesem Gebiet gegenüber dem Arbeiten mit dem althergebrachten Pendel zwar gewissen Einschränkungen, so ist es doch für viele Schwingpendelbesitzer, die sich ganz auf die Arbeit damit eingespielt haben, eine beachtliche Erweiterung ihrer Wirkungsmöglichkeiten. Statt der auf dem Tisch liegenden Pendeltafel oder -tabelle erlaubt auch die senkrecht stehende Kenntafel das einigermaßen präzise Ablesen von allen möglichen Details und Zwischenstufen. Ja, man kann mit ihr auch in liegender Position arbeiten. Genaueres werden Sie später an der dafür zuständigen Stelle dargelegt finden.

Wie Sie in den folgenden Ausführungen sehen werden, steht bei der Anwendung dieses Schwingpendels immer wieder eines im Vordergrund: *das exakte Sichtbarmachen der allerfeinsten mikroelektrischen Schwingungsvorgänge unserer biologischen Lebensgrundlage*. Das war und ist der Grund, weshalb ich meine Form des Schwingpendels von Anfang an als Energiesensor bezeichnete. Er ist die denkbar einfachste Form in

Konstruktion und Herstellung und deckt doch die Arbeits- und Erkenntnismöglichkeiten aller möglichen und häufig viel komplizierteren und aufwendigeren Schwingpendel ab. Deshalb werde ich von jetzt an in dieser Veröffentlichung auch vorwiegend die Bezeichnung Energiesensor benutzen und den Allgemeinbegriff Schwingpendel in den Hintergrund treten lassen. Das soll in keiner Weise bedeuten, daß die Darlegungen und Erklärungen nicht auch mindestens für die große Mehrheit aller Schwingpendel, die heute unter verschiedenen Namen angeboten werden, ihre Gültigkeit hätten.

Was der Energiesensor im einzelnen für Sie tun kann, zeigt Ihnen in zumindest groben Zügen das Inhaltsverzeichnis an. Sie werden es Schritt für Schritt erleben, wenn Sie ein Kapitel nach dem anderen durcharbeiten und sich das Gelesene möglichst gleich in der Praxis Ihrer Arbeit mit diesem oft zauberhaft erscheinenden Gerät zu eigen machen. Dann wird sich Ihnen dieser Zauber eines Ergebnisses, das man in seiner Treffsicherheit oft gar nicht für möglich gehalten hätte, bald als die hinter allem stehende Naturgesetzlichkeit zu erkennen geben.

Für die Zielsetzung dieses Buches genügt es, daß ich in diesem einleitenden Teil die wesentlichen Grundgedanken der naturgegebenen Gesetze, die im und hinter dem Energiesensor stehen und wirken, so wie hier geschehen, aufgezeigt habe. Wer sich *genauer darüber informieren* will, der möge das in dem zuletzt erschienenen Werk des Verfassers »Das große Pendelbuch« tun.[2] In ihm sind die Zusammenhänge dieser Gesetzlichkeiten beträchtlich genauer dargestellt in seinem ausführlichen ersten Teil »Warum kann man pendeln? Das Geheimnis hinter dem Phänomen« (S. 21-54). Die Grundproblematik ist hier wie dort ja die gleiche. Und wer sich im besonderen mit den zugrundeliegenden wissenschaftlichen Grundlagen intensiv befassen möchte, der findet im Literaturverzeichnis entsprechende Hinweise.

Das Instrument und seine Handhabung

Beschreibung und Herstellung

Der *Schwingpendel als neuartiges radiästhetisches Werkzeug* steht zwischen Rute und Pendel. Anders ausgedrückt: Er ist teils Rute, teils Pendel:

- Rute deshalb, weil Sie ihn so wie diese in horizontale Lage bringen, hier jedoch zu dem Zweck, daß das Gewicht in seinem Kopf durch die Elastizität des Stahldrahts richtig in Schwingung kommt.
- Und Pendel deshalb, weil Sie ihn ähnlich wie diesen mit nur einer Hand halten, jedoch nicht an einer beweglichen Schnur oder dergleichen nach unten hängend, sondern im allgemeinen in waagerechter Position.

In der allereinfachsten Form besteht er aus nichts anderem als einem relativ dünnen Stahldraht, an dessen Ende Sie ein Gewicht befestigt haben. Die Art des Gewichtes und seine Form ist gleichgültig. Es muß nur ziemlich genau auf die Elastizität des Stahldrahts abgestimmt sein. Sein anderes Ende ist dann in dieser so einfachen und dabei schon voll funktionstüchtigen Form der Handgriff, sofern Sie einen steiferen Stahldraht verwenden. Das ist alles.

Der Name Energiesensor sagt, daß er *Energie erfühlt und entsprechend anzeigt*. In Wahrheit erfühlt natürlich genauso wie bei Rute und Pendel diese Energie nicht das Gerät, sondern in seinen unbewußten Tiefenschichten der menschliche Organismus, der es in der richtigen Weise gebraucht. In unseren dafür höchstempfindlichen Aufnahmeorganen, von denen wir nur nichts wissen, nehmen wir die Schwingungen der lebenden oder »toten« Substanz auf, auf die wir uns geistig eingestellt haben. Das Gerät gibt uns dann die Antwort: Es zeigt uns die Reaktion unseres Unbewußten darauf an, bzw. die Reaktion unserer eigenen Wesenheit auf die Ausstrahlung der anderen. Es ist ähnlich wie bei den Instrumenten im Automobil oder im Flugzeug, z. B. einem Geschwindigkeitsmesser, die uns ja nur über gewisse Fahr-, Flug- oder Motorzustände unterrichten, ohne sie hervorzurufen.

Der besondere Vorzug des Schwingpendels: Bei der richtigen Abstimmung des Gewichts am Sensorkopf in bezug auf die Elastizität des Drahts kommt er bei vielen Menschen leichter zum Ausschlagen bzw. zum Schwingen als der Pendel oder auch die Rute. Dabei macht er allerfeinste Schwingungen sichtbar, die von einem Objekt ausgehen, etwa einer Pflanze, oder zwischen zwei Schwingungsfeldern (Auren) fließen, in der Regel zwischen dem des Menschen und dem eines anderen, für ihn wichtigen Objekts im weiten Sinne des Wortes. Das kann ein Lebewesen sein oder irgend etwas anderes, bis hin zu vermeintlich toter Materie, die mit Eigenschwingung gesättigt ist, z. B. jegliches Nahrungsmittel, Getränk, Medikament, bis hin zu bestimmten Steinen. Er zeigt die in einem Prüfobjekt vorhandene Lebensenergie bzw. die Reaktion der beiden Schwingungsfelder aufeinander in seiner eigenen »Sprache« an. Sie ist mit der des Pendels verwandt und doch häufig wegen der eigenen Bewegungsweise des Sensors in seiner eindeutigen Aussage verschieden.

Nun zu den bedeutungsvollen Einzelheiten des Schwing-

pendels oder Energiesensors, und zwar zunächst bezogen auf seine mehrfach erwähnte einfachste Form, die sich jeder ohne besondere Mühe und ohne besonderen Zeitaufwand selbst herstellen kann. Das Gerät weist die folgenden drei Teile auf:

a) *Den einfachen, dünnen Stahldraht* kann ich vielleicht als sein Kernstück bezeichnen. Er ist im allgemeinen etwa 20-35 cm lang und je nach Härtegrad etwa 0,3-0,7 mm stark. Als Stahldraht ist er ausgesprochen elastisch, also derart leicht biegsam, daß er von allein immer wieder in die gestreckte Ausgangslage zurückkehrt. Sie können ihn in jedem guten Eisenwarengeschäft kaufen, zumeist in kleinen Rollen. Von ihr zwicken Sie mit einer einfachen Zange die erforderliche Länge ab und biegen den Draht mit der Hand, bequemer mit einer Flachzange, gerade. Bei entsprechendem Druck können Sie Stahldraht in dieser Stärke ohne Mühe in eine gerade Linie ausrichten. Es gibt auch elastischen Draht aus Halbedelmetall, von dem ich Ihnen jedoch abrate, nicht nur wegen des Preises, sondern vor allem wegen der im Vergleich zum Stahldraht verminderten Elastizität, also wegen seiner etwas größeren Schwerfälligkeit. Statt Stahldraht könnten Sie auch einen dünnen Kunststoffstab benützen, der aber der Elastizität halber ziemlich lang sein müßte und so das Gerät relativ unhandlich machen würde. Er kann nach längerer Benutzung durch Materialermüdung auch brechen, was Ihnen beim Stahldraht nicht passiert.

b) *Als Sensorkopf benötigen Sie ein Gewicht*, das – wie schon gesagt – einigermaßen genau auf die Elastizität des Stahldrahts abgestimmt sein muß. Ein ganz einfacher, handelsüblicher Flaschenkork ist dafür ideal geeignet, weil Sie ihn kinderleicht und ohne Umstände verarbeiten können. Sie brauchen ein Ende des Stahldrahts nämlich nur in die Mitte der Kork-Rundung, also an einem Ende, mit Ihrer Hand hineinzuschieben oder -zubohren. Wenn Sie dabei sorgsam vorgehen und beim Hineindrücken die exakte Senkrechte beachten, dann sitzt er nach allen Seiten gleichmäßig und fest auf dem Draht. Ebenso können Sie einen Radiergummi aufschieben, der sich noch leichter verarbeiten läßt und wegen seines größeren Gewichtes den Sensorkopf klein hält.

Natürlich können Sie als Sensorkopf auch einen schön gearbeiteten Metallring, wenn Sie wollen mit Aufprägungen, wählen, oder eine ähnlich gearbeitete kreisrunde Scheibe, eine hübsch aussehende Holzkugel, eine Kugel mit kreuzartig oder rundum austretenden Spitzen oder eine Spirale – all das ist für die Funktion gleichgültig. Erinnern Sie sich: Nicht der Sensorkopf, sondern Ihr Organismus in seinen unbewußten Schichten ist das »Aufnahmegerät«!

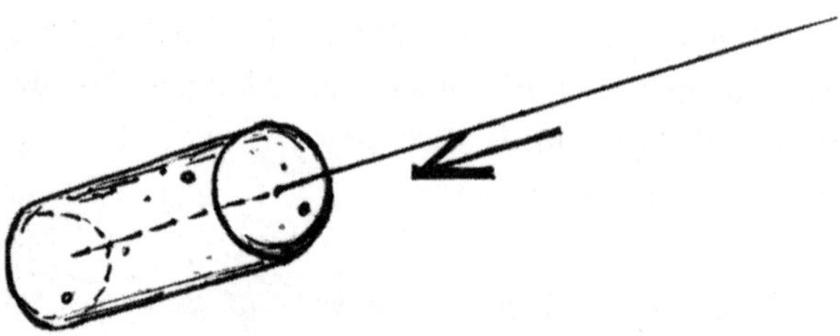

Nun zum richtigen Abstimmen des Gewichts auf die Elastizität des Stahldrahts: Auch dieses Problem ist beim Korken/Gummi leicht zu lösen. Das ist völlig klar: Je stärker der Stahldraht, um so größer muß das Gewicht an seinem Ende sein, und umgekehrt. Wenn es für Ihren dünnen Draht zu schwer ist, so nehmen Sie einfach ein scharfes Küchen- oder Sägemesser und schneiden den Korken (Gummi) Scheibe für Scheibe ab, bis er das richtige Gewicht hat. Das ist der Fall, wenn Sie das folgende Richtmaß genau beachten: Nehmen Sie den Stahldraht am anderen, dem freien Ende so in die Hand, wie es unter c) beschrieben ist, und halten Sie das Stück Draht mit Gewicht am vorderen Ende möglichst genau in die Horizontale (parallel zu Fußboden und Zimmerdecke).

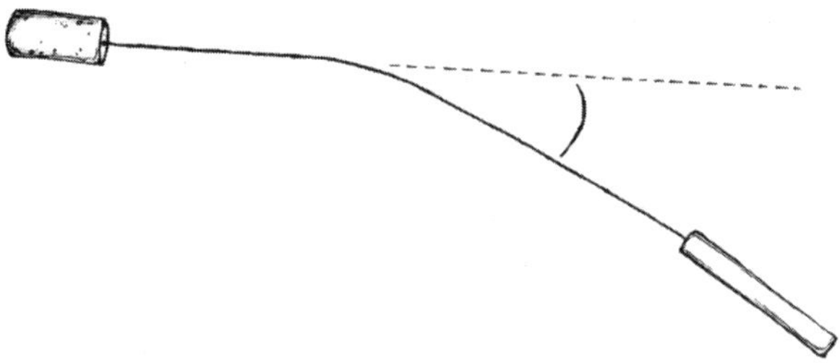

Dann muß der vordere Teil des Drahtes, den Sie in Ihrer Hand halten, an seinem Ende etwa 20-30 Grad nach unten geneigt sein. Wenn Sie bei dieser Abstimmung des Gewichts das Kopfende, Sensorkopf genannt, mit Ihrer Hand in ein kräftiges Schwingen versetzen, dann schwingt es etwa 15 cm von oben nach unten oder von rechts nach links oder kreisförmig. Das ist normalerweise der stärkste Ausschlag des Sensorkopfes bei Ihrer praktischen Arbeit mit dem Gerät.

Es ist ratsam, daß Sie sich an dieses Richtmaß halten. Je schwerer nämlich der Kopf und damit die Länge des kräftiger gewählten Stahldrahts wird (bis zu 50 cm oder mehr!), um so langsamer kommt er zum Schwingen und um so weiter und kräftiger werden andererseits die Schwingungen. Werden die Kreisbewegungen dann mit Beginn der Schwingung um so eindeutiger und runder, so muß dies aber durch das wesentlich langsamere Einschwingen »bezahlt« werden. Mit steigender Länge wird das Gerät für bestimmte Aufgaben auch unhandlicher. Und das ist für das tägliche Arbeiten nicht zweckmäßig. Der Vorteil wäre zu teuer erkauft. Daher sollten Sie das Gewicht nicht zu groß wählen.

Noch ein Punkt besonders für Anfänger: Das Gerät arbeitet und schwingt »weicher«, es setzt sich also noch leichter in seine Schwingbewegung, wenn der Stahldraht im Rahmen der aufgezeigten Grenzen etwas länger ist bzw. das Gewicht des Sensorkopfes bei gleicher Drahtlänge entsprechend größer ist, so daß der Handgriff mehr geneigt ist, z. B. leicht über 30 Grad statt etwa 25 Grad. Umgekehrt: Je »härter« das Gerät, je kürzer also der Stahldraht bzw. je leichter der Sensorkopf im Verhältnis zur Drahtlänge, um so weniger ausladend sind die Schwingungen. Das ist gegebenenfalls für die spätere Beobachtung der Schwingungsweite von Bedeutung.

c) *Den Handgriff*, in der einfachsten und völlig funktionsgerechten Form, bietet Ihnen – wie Sie bereits gesehen haben – das andere Ende des Stahldrahts. Das aber nur bei einem relativ starken Draht, der ein entsprechend hohes Gewicht am Sensorkopf verlangt und daher für die Praxis im allgemeinen zu lang wird.

Fassen Sie den Draht bzw. den einfachen Handgriff zwischen den nervenreichen Fingerspitzen der vier langen Finger, die alle an ihm anliegen, von unten und der nervenreichen Daumenspitze von oben (siehe Abbildung S.56), und zwar ruhig und locker, auf keinen Fall etwa mit verspannten oder gar verkrampften Fingern. Der Sensorkopf am anderen Drahtende ist dabei in horizontaler Lage, wie soeben beschrieben.

Zu b) und c): Um es nochmals zu sagen: Sie können statt des Korkens oder Gummis *für den Sensorkopf irgendein anderes Gewicht* verwenden, das Sie leicht befestigen können, z. B. eine entsprechend schwere Schraubenmutter, die Sie mit Bindedraht am Ende des Stahldrahts festmachen. Dazu brauchen Sie mit einer Flachzange das Drahtende nur um etwa 5 mm scharf zurückzubiegen, so daß sich eine Art Öse bildet. Das sieht natürlich weniger attraktiv aus als mit dem Korken. Eine recht schöne und zugleich einfache Lösung bieten ihnen gelochte Perlen oder Kugeln von etwa 10 oder 15 mm Durchmesser, wie Sie sie heute in jedem Hobbygeschäft billig kaufen können. Je nach der Weite des Lochs biegen Sie den dünnen Stahldraht wie eben beschrieben ein- oder auch zweimal in der Länge der Kugel um und klemmen ihn so in ihrem Loch fest. Ist eine Kugel zu leicht, dann nehmen Sie zwei hintereinander. Notfalls drücken Sie noch ein kurzes Draht- oder Stecknadelstückchen in die Öffnung und sichern alles mit einem Tropfen Kleber – schon haben Sie den festen Sitz des Sensorkopfes.

Auch *ein einfacher und hübscher Handgriff macht* das Gerät ansehnlicher, obwohl er von der Funktion her gesehen eigentlich unnötig ist. Die Möglichkeiten:

- Beschaffen Sie sich einen Bananenstecker alter Art und ein dazugehöriges aufzusetzendes Kupplungsstück. Das äußerste Drahtende schrauben Sie nun kräftig in den Stekker ein und schieben das Kupplungsstück mit dem einen Ende darauf. Zuvor müssen Sie natürlich den Stahldraht um die Länge des so gewonnenen Handgriffchens kürzen (Richtmaß für die Elastizität!). Der Handgriff reicht gerade aus, um vier Finger darunter zu legen.
- Sie können auch ein entsprechend langes Stückchen Rohr aus Metall (z. B. ein dünnes Messingrohr, in Hobbygeschäften erhältlich, mit einer kleinen Eisensäge auf die rechte Länge abgeschnitten), Kunststoff oder Holz (z. B. von einem dünnen Bambusstab, in Blumengeschäften erhältlich) nehmen, den Draht genau in der Mitte des Röhrchens mit aufgeschlitzten Zündhölzern oder ähnlichem Material festklemmen, wobei ein paar Tropfen Kleber für die feste Verbindung sorgen.
- Eine wiederum ganz einfache Lösung, die mir eine Dame präsentierte: Ein gewöhnlicher langer Sektkorken ist der Handgriff, ein weniger dicker Weinkorken am anderen Ende, auf das rechte Gewicht abgeschnitten, der Sensorkopf. Eine einfache Lösung, aber der Schwingpendel funktioniert so einwandfrei.
- Wenn Sie möchten, können Sie selbstverständlich auch einen normal großen Handgriff in Form eines handlangen Rohrs an das Drahtende anbauen und das Rohr mit einer schönen Oberfläche, etwa mit Edelmetall, beschichten! Die Funktion ändert sich in keiner Weise. Das Gerät wird dadurch nur unhandlicher, weil der Griff länger und schwerer ist als bei den anderen Varianten.

Der Vorteil eines solchen festen Handgriffs: Die mögliche Gefahr, besonders beim noch Ungeübten, selbst durch unbewußten Druck der Daumenspitze auf die vier Finger den dazwischenliegenden Stahldraht unmerklich in eine Auf- und Abschwingung zu bringen, ist damit beseitigt. – Nach meiner Erfahrung, die ich nun in mehreren Jahren mit allen möglichen Ausführungen gewonnen habe, kann ich getrost feststellen: Vom Stahldrahtkorken bis zur feinsten Ausführung arbeiten alle gleich gut. Denn das Wesentliche ist die richtige Abstimmung des Sensorkopf-Gewichts auf die Elastizität des Stahldrahts. Alles andere ist für die Funktion gleichgültig und nur unwesentliches Beiwerk.

Handhabung und Auswertung

Bei der Arbeit mit dem Energiesensor ist wichtig:

- daß Sie ihn *ganz ruhig in der Hand halten*, wie unter c) beschrieben. Diese Ruhe darf aber unter keinen Umständen durch verstärkte Willensbemühungen zustande kommen, die sofort mit erhöhter Spannung oder gar beginnender Verkrampfung der das Gerät haltenden Muskulatur einhergeht. Die Haltung ist also *ganz locker*, gerade noch soweit von der voll gelösten Muskulatur entfernt, wie es nötig ist, um den Sensor annähernd fest zwischen langen Fingern und Daumen zu halten. Die Voraussetzung dafür ist immer innere Gelassenheit, ein ausgeglichener Gemütszustand. Zu Beginn des Arbeitens muß der Sensorkopf ruhig, ohne jedes Wackeln oder Zittern, »in der Luft stehen«.

- daß die *Hand auch während des Schwingens* ganz ruhig gehalten wird, sie darf nicht von den Schwingungen des Sensorkopfes mitgenommen werden. Sonst führt das zu falschen, weil überspannten Ergebnissen.
- daß Sie diese *lockere spannungsfreie Ruhe* der inneren Gelassenheit nicht nur in der den Sensor haltenden Hand haben, sondern *im ganzen Körper*: vor allem in Schultern, Nacken, Oberkörper und Hüftgelenk (ausgewogen-aufrechte Körperhaltung!), in den Knien (nicht durchgedrückt, sondern locker gestreckt) und den Füßen.
- daß Sie *den Ellenbogen der haltenden Hand* (zumeist der rechten) locker an den Hüftknochen anlehnen, damit Unterarm und Hand das Gerät möglichst frei von Erschütterung oder noch so leichtem Zittern halten können. Mit steigender Übung wird das später nicht mehr so wichtig sein.
- daß Sie auf einen *ruhigen, festen Stand* achten, indem Sie Ihr Körpergewicht gleichmäßig auf beide Füße, Fersen und Fußballen verteilen, mit gutem Fußsohlenkontakt zum Boden. Wer Eutonie oder eine ähnliche Technik erlernt hat, weiß sofort, wie wichtig das für die innere und äußere Lockerung des ganzen Organismus ist.
- daß Sie dann, wenn Sie zuweilen aus ganz praktischen Gründen *bei der Arbeit knien oder sitzen*, den Kontakt der Knie zum Boden bzw. des Gesäßes zur Sitzfläche und den Kontakt der Fußsohlen zum Boden ganz bewußt fühlen, um jegliche Energieblockade auszuschließen.
- daß Sie, wenn Sie den Energiesensor in die richtige Position gebracht haben, Ihre Augen immer auf den Sensorkopf gerichtet halten, um seine Reaktion abzuwarten, und zwar ohne innere Voreingenommenheit das Ergebnis

betreffend. Offensichtlich ist diese Blickverbindung (ein allerfeinster Laserstrahl: gebündelte Energie!) für die Funktion des Geräts notwendig.

- daß Sie schließlich die freie (zumeist die linke) *Hand, die den Energiesensor nicht hält, locker geschlossen halten*, also keine Faust mit Spannung in den Fingern machen. Wenn Sie die Hand geöffnet halten, kann sie sehr leicht als Antenne wirken. (Wie Sie gleich sehen werden, können Sie sie in der Tat oft als solche benutzen!) Der lockere Fingerschluß verhindert so ein mögliches falsches Ergebnis, was sich durch Aufnahme von dann nicht erwünschten anderen Schwingungen einstellen könnte. Die ohne Spannung geschlossene Hand schirmt das Handchakra als Aufnahmeorgan, als Aufnahmeantenne einfach ab.

Unerläßlich ist ferner die präzise Kenntnis der verschiedenen Prüfhaltungen, die Sie mit dem Energiesensor einnehmen können. Die folgenden Schlagworte geben die prinzipiellen Möglichkeiten knapp und klar wieder:

1. *Darüberhalten*: Der Energiesensor wird mit dem Sensorkopf etwa 10-30 cm, je nach der Größe des zu prüfenden Objekts, genau über dieses gehalten. Je kleiner es ist, um so näher gehen Sie von oben heran. Beispiele: Eine Blume oder Pflanze, ein naturbelassenes oder chemisches Medikament, ein Getränk oder Nahrungsmittel, ein kleineres Tier oder ein bestimmter Körperteil von Tier oder Mensch, ein bestimmter Ort (geopathische Belastung: hier können Sie in jede beliebige Höhe gehen).

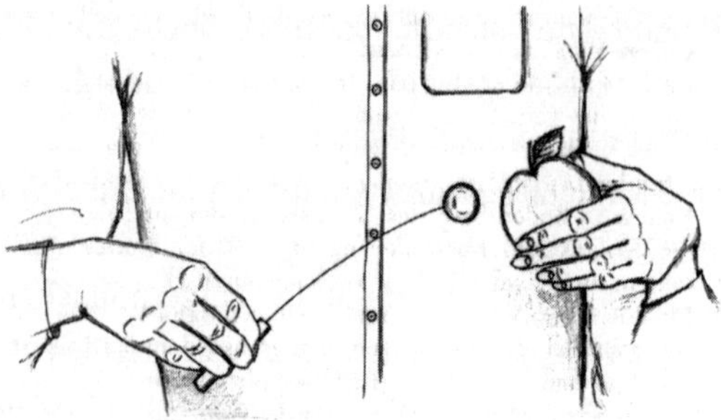

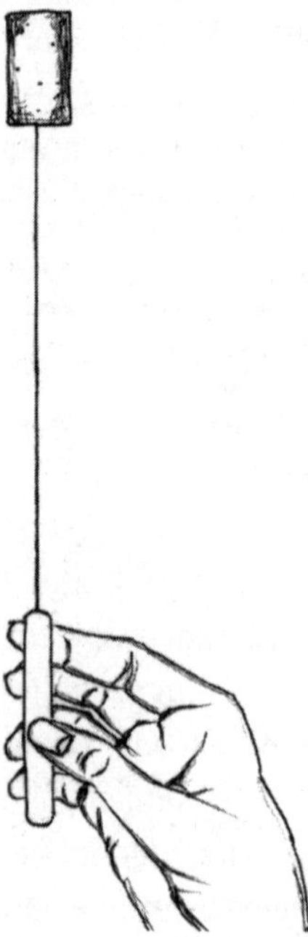

2. *Dazwischenhalten*: Vor allem wichtig bei Verträglichkeitsprüfungen von Nahrungsmitteln oder Medikamenten, auch von geistigen Inhalten, die mit Eigenschwingung gesättigt sind. Hier wird der Prüfgegenstand etwa 15-20 cm von dem besonders betroffenen Körperteil entfernt gehalten. Bei Dingen, die wir körperlich einnehmen, ist das zumeist der Magen. Der Energiesensor wird dabei in horizontaler Haltung von der Seite her genau in die Mitte zwischen beide gebracht. Beispiele: Nahrungsmittel, Getränke, Medikamente, Bücher und dgl. Bei großen strahlungskräftigen Objekten kann der Abstand zwischen beiden wesentlich größer – bis zu einem Meter – sein, z. B. bei Mensch und Baum, Mensch und Hund oder zwei sich gegenüberstehenden Menschen.

3\. a) *Senkrechte Haltung nach oben*: Bei dieser Variante wird wie unter Punkt 2 vorgegangen, mit einer Änderung: Das Gerät wird genau senkrecht gehalten, so daß das Gewicht des Sensorkopfes oben im Gleichgewicht ist. Der Sensorkopf befindet sich dabei meist in Stirnhöhe und kann mit den Augen noch erfaßt werden. Seine Bewegungen kommen in dieser Haltung leichter zustande und werden auch intensiver. Besonders empfehlenswert ist diese Haltung bei größerer Entfernung des Prüfgegenstandes. Beispiele: »Klima« eines Raumes, einer Gesellschaft oder Versammlung, oder auch Überprüfung eines geistigen Zusammenhangs wie eines Buches.

3\. b) *Senkrechte Haltung nach unten*: Hier wird der Sensorkopf exakt zum Boden hin gehalten, was platzsparender ist als die normale Haltung. Vor allem beim mentalen Arbeiten z. B. mit der waagerecht vor Ihnen liegenden 100%-Kenntafel ist das die Arbeitshaltung des Sensors (darüber im nächsten Kapitel).

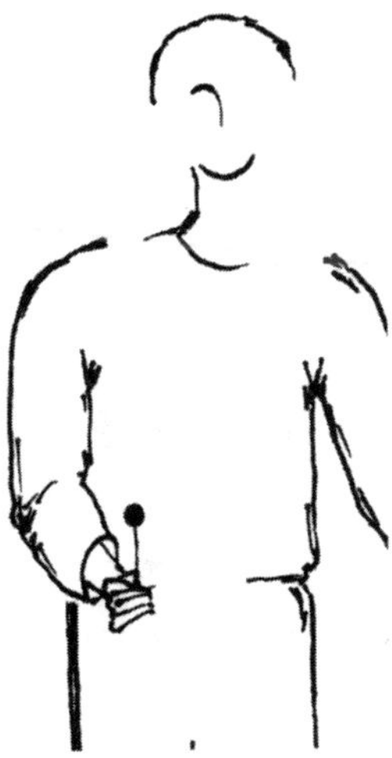

4. *Linke Hand als Antenne* (bei Linkshändern rechte Hand): So gut wie in allen unter Ziffer 1 und 3 genannten Fällen können Sie das Handchakra der freien Hand (die den Energiesensor nicht hält) als Aufnahmeantenne benutzen. In den unter Punkt 1 beschriebenen Beispielen halten Sie die locker geöffnete Hand mit zwanglos abgespreizten Fingern mit dem Handteller nach unten über das Prüfobjekt, und zwar in 10-30 cm Abstand, je nach Größe des zu prüfenden Objekts. In den unter Punkt 3 beschriebenen Fällen erheben Sie die Hand mehr oder weniger nach oben, wobei die geöffnete Hand auch hier dem Prüfgegenstand entgegengehalten wird, z. B. bei der Prüfung der Aura eines Menschen oder einer Versammlung. Den Energiesensor halten Sie dabei in der horizontalen Normalhaltung in der anderen Hand.

5. *Ein langer Finger der linken Hand als Antenne*: Als Sonderfall kann auch für eine exakte Lokalisierung nur die nervenreiche Fingerspitze eines langen Fingers der linken (rechten) Hand durch Auflegen auf eine ganz eng begrenzte Stelle für

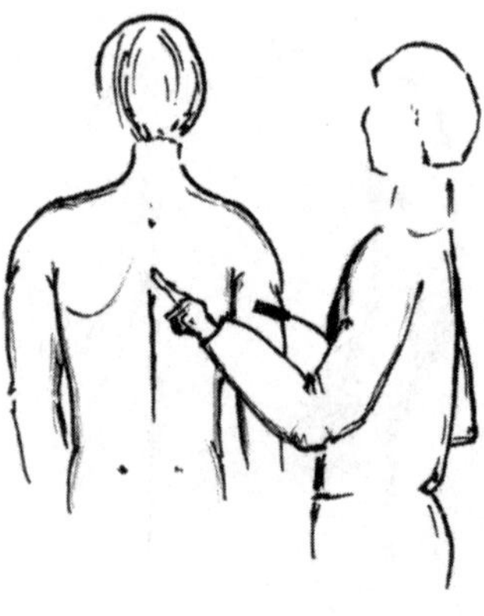

eine exakte Lokalisierung, z. B. am menschlichen Körper, als Antenne dienen. Dafür bewährt sich z. B. bei mir immer wieder der hochsensible Mittelfinger, auch in seiner ganzen Länge. Die anderen Finger der linken Hand sind dann locker angezogen, um das Handchakra als Antenne abzudecken. Der Energiesensor wird dabei wie bei Ziffer 4 in der normalen Position gehalten.

Hier eine Warnung zu gewissen Forschungsarbeiten mit dem Schwingpendel, die einen regulären Punktkontakt voraussetzen, etwa am menschlichen Körper, auf Landkarten oder Zeichnungen. Wenn Sie einen solchen brauchen, können Sie in das beschriebene Kupplungsstück des Bananenstecker-Handgriffs einen gleichen Stecker mit einem entsprechend langen biegsamen Kabel daran einschieben. Wiederum der gleiche Stecker am anderen Ende dient dann als Kontaktpunkt. Aber Vorsicht: Das Verbindungskabel kann bei der Überbrückung der Entfernung vom Energiesensor zum Prüfobjekt leicht Fremdschwingungen aufnehmen, denn die Isolation ist dagegen wirkungslos. Dann sind Ergebnisse Ihrer Arbeit verfälscht oder gar ganz falsch!

Daher mein Hinweis: Den gleichen Dienst (und das bei jedem Gerät ohne Anschlußmöglichkeit) erweist Ihnen in nahezu allen Fällen dieser Art ein ausreichend langer, nichtrostender Stahlnagel. Sie halten ihn zwischen Daumenspitze und den vier langen Fingern und können dann mit seiner etwas abgefeilten Spitze fast jeden Punktkontakt nehmen. Dieses Arbeiten ist zwar zuweilen etwas mühsamer, das Ergebnis ist aber einwandfrei.

Wie Sie sehen, überschneiden sich nicht selten verschiedene Möglichkeiten, so daß Sie dann die Wahl haben oder auch zur Kontrolle der Ergebnisse beide Methoden anwenden können. Selbstverständlich wird im folgenden bei der konkreten Anwendung des Energiesensors immer auf die bestgeeignete Prüfhaltung bzw. auf mehrere Möglichkeiten hingewiesen. Im übrigen werden Sie durch Ihre eigenen Erfahrungen bald keine Empfehlungen mehr benötigen. Denn mit der eigenen Erfahrung stellt sich rasch die persönliche Sicherheit des Vorgehens ein.

Im folgenden ist die »Sprache« des Energiesensors beschrieben, also die verschiedenartigen Schwingungen des Sensorkopfes, die uns seine Antwort, seine Reaktion bei einer Prüfung wiedergeben. Es liegt in der Konstruktion des Geräts begründet, daß es nur wenige Bewegungen machen kann, nämlich (von der haltenden Hand bzw. vom Körper des Ausübenden aus gesehen):

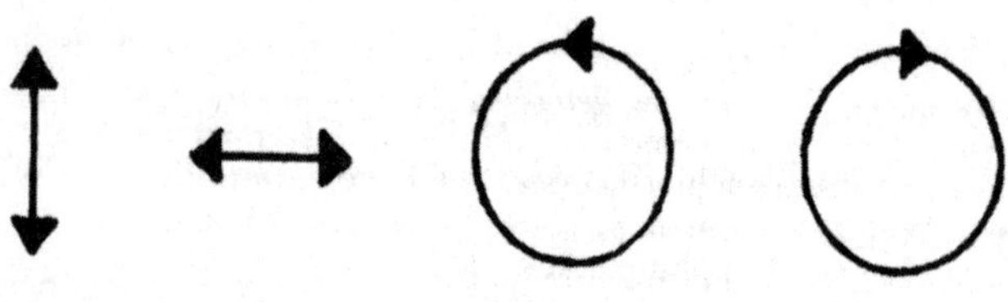

auf und ab – senkrecht (vertikal)

hin und her – waagerecht (horizontal)

linksdrehend (entgegen Uhrzeigersinn)

rechtssdrehend (im Uhrzeigersinn)

Was bedeuten diese 4 verschiedenen Bewegungen? Die Antwort ist einfach:

- Immer wenn der Sensorkopf *von einem Schwingungsfeld zum anderen hin- und hergeht* und dabei ständig wechselnd in das eine und dann in das andere eintaucht (etwa Mensch und Apfel oder auch Medikament, oder Mensch und Raumklima) oder wenn er *einseitig von einem bestimmten Schwingungsfeld angezogen wird* (etwa von einer Blume), bedeutet das: Übereinstimmung, Anziehung, positive Antwort. Das eine Schwingungsfeld fühlt sich beim anderen wohl und braucht dessen Nähe und Hilfe. Im ersten der aufgeführten zwei Beispiele schwingt der dazwischengehaltene Sensorkopf horizontal, im zweiten der darübergehaltene vertikal. (Letzteres zeigt immer auch das Vorhandensein von Lebenskraft an.)
- Schwingt der Sensorkopf jedoch *zwischen den beiden Schwingungsfeldern auf und ab*, vermeidet er also das wechselweise Eintauchen in diese, oder geht *er über dem zu prüfenden Gegenstand hin und her* (horizontale Schwingung), wird er also nicht angezogen, bedeutet das: Das eine Schwingungsfeld will mit dem anderen nichts zu tun haben, Ablehnung, negative Antwort.

  Beachten Sie: Die Schwingungen von Zustimmung und Ablehnung sind äußerlich bei den beiden Methoden genau *widersprüchlich*.

  Senkrechtes Auf- und Abschwingen bei der einen Anwendung entspricht im Ergebnis dem waagerechten Hin- und Herschwingen bei der anderen. Tiefergesehen, energetisch betrachtet, *entsprechen sie sich jedoch exakt*: In jedem der beiden Fälle ist das entscheidende Moment die Anziehung bei den harmonischen bzw. die Abstoßung bei den disharmonischen Schwingungsfeldern. Das und nichts anderes ist das wesentliche Kriterium. – Diese Reaktionen sind gesetzmäßig und daher bei richtigem Vorgehen absolut zuverlässig.

- *Linksdrehung*: Die erfühlte Energie ist negativer Art, für den Organismus nicht günstig oder schädlich und zu vermeiden. Das ist körperlich und geistig zu verstehen.
- *Rechtsdrehung*: Die erfühlte Energie ist positiver Art, für den Organismus förderlich und wertvoll. Auch hier ist das körperlich und geistig zu verstehen. Für das weitere Verhalten, das sich aus dieser positiven Anzeige ergibt, ist wichtig: Gegebenenfalls muß man jetzt auf der Hut vor einem Übermaß an Einwirkung sein, denn »allzuviel ist ungesund«. Auch die positive Energie muß verarbeitet werden können!
- *Keinerlei Reaktion*, der Sensorkopf bleibt still stehen: Neutralität, weder Anziehung noch Abstoßung, weder Ja noch Nein. Der Organismus braucht diese Energie nicht, sie schadet ihm aber auch nicht.

Die Antworten des Schwingpendels sind von Anfang an innerlich zu fixieren: Mit der geistigen Kraft, die hinter dem Sensor steht, muß ein fester Bund geschlossen werden. »Wir sind beide für immer festgelegt auf diese Sprache.« Nur wenn die Sensorantworten für Sie einwandfrei feststehen, haben Sie eine sichere Grundlage.

Die Sensorreaktionen werden meist die gleichen wie hier angegeben sein, müssen es aber nicht. Mancher Leser mag etwa einen Schwingpendel erworben haben, dessen Hersteller die Ja- und Nein-Antwort genau umgekehrt propagiert und einüben läßt als die hier vorgestellten. Wenn sich der zugrundeliegende psychisch-physische Prozeß schon umgekehrt im Bewußtsein »eingegraben« hat, dann sollte man an dieser Fixierung festhalten. Es gilt dann nur, jeweils »umzudenken«. Das ist entschieden sicherer, als die nun schon fest eingefahrenen Abläufe umkehren zu wollen.

Werden Sie als Anfänger nicht ungeduldig: Es mag einige Zeit der Eingewöhnung brauchen, bis sich das unbewußte, allerfeinste Muskelspiel der haltenden Hand und der Schwingungsrhythmus von Stahldraht und Sensorkopf zu reibungsloser Übereinstimmung eingespielt haben.

Die Weite der Ausschläge des Sensorkopfes ist wichtig: Je weiter und intensiver sie sind, um so stärker und nachhaltiger ist die Antwort Ja oder Nein, und umgekehrt. Ein ganz schwaches Ja oder Nein schwingt nach jeder Seite nur 1 bis höchstens 2 cm. Versichern Sie sich dann aber, daß diese schwache Bewegung nicht bloß von Ihrer gerade unruhigen Hand verursacht wurde: Es muß ein echtes, kontinuierliches Hin und Her sein. Ein ganz starkes Schwingen greift nach jeder Seite 7-8 cm aus, insgesamt also bis 15 cm oder sogar noch darüber. (Sollten Sie einen besonders lang geratenen Energiesensor haben, dann wird dieses Maß natürlich noch entsprechend größer sein.) In diesen Fällen werden auch Sie über die Kraft staunen, die diese weite Bewegung verursacht.

Sie brauchen sich nur vier Stufen der Energiesensor-Antworten zurechtzulegen, je nach der Stärke der Sensorkopfausschläge, etwa: schwach = 1, mittel-stark = 2, stark = 3, extrastark (der Sensorkopf schlägt bei richtigem Abstand von mindestens 15 cm auf beiden Seiten an) = 4, und schon haben Sie in unbürokratischer Weise eine für die Praxis ausreichende klare Klassifizierung der Ergebnisse.

Zum präzisen Ablesen der Schwingungsweite auf einer einfachen, selbst zu erstellenden Skala werde ich später an der dafür geeigneten Stelle die nötigen Hinweise geben. – Im übrigen werden Sie in aller Kürze bei der Besprechung der 100%-Kenntafel diese 4er Einteilung bei guter Ablesemöglichkeit wieder vorfinden.

Brechen Sie einen Schwingungsvorgang nicht zu rasch ab, sondern erst dann, wenn er sich ungefähr 10-15 Sekunden lang nicht mehr verstärkt. Erst dann haben Sie das Maß seiner Intensität vor sich.

Das Einsetzen der Schwingungsbewegung braucht seine Zeit: Im Zweifelsfall müssen Sie bis zu einer Minute oder noch ein wenig mehr warten können (bei ganz ruhig gehaltenem Körper und ganz ruhig gehaltenem Sensor). Es liegt doch auf der Hand, daß sich die einander begegnenden und berührenden Schwingungsfelder zuerst einmal »abtasten« müssen, bevor sie eine Reaktion zeigen können. Besonders dann, wenn die Reaktion nur ein ganz schwaches Ja oder Nein ist, dauert es oft ziemlich lange bis zum Beginn der ersten klaren Hin- und Her- bzw. Auf- und Abschwingung. Selbstverständlich lassen Sie sich nicht dadurch verunsichern, daß sich zuweilen in der Phase des Abwartens völlig natürliche, ganz schwache »Zitter«-Bewegungen Ihrer Hand auf den Energiesensor übertragen können. Sie sind in keiner Weise gleichbleibend in ihrer Bewegung, sondern haben einen eher augenblicklich-ruckhaften Charakter.

Seien Sie unbesorgt: Wenn Ihnen das alles jetzt nach der ersten Lektüre reichlich kompliziert erscheinen mag, so werden Sie rasch merken, wie einfach es in der Praxis ist! Seien

Sie nur so klug, besonders in der Anfangszeit Ihres Übens, wenn Sie Ihre eigenen Erfahrungen machen, gerade dieses und das Kapitel über die Fehlerquellen gelegentlich nochmal zu überfliegen. Es wird Ihnen die nötige Sicherheit geben und Sie vor Irrtum bewahren, der später nur schwer wieder auszuräumen wäre.

Die zwei verschiedenen Arbeitsmethoden

Unterscheiden Sie genau zwischen den zwei Methoden des Arbeitens mit dem Schwingpendel. Sie sind grundsätzlich verschiedener Natur:

1. *Das unmittelbare Auswerten des Aufeinandertreffens von zwei Schwingungsfeldern. Der Energiesensor zeigt hier seinen entscheidenden Vorteil gegenüber dem normalen Pendel*: Er reagiert unmittelbar auf die beiden Schwingungsfelder, die einander gegenüberstehen und sich berühren. Das Denken, das Bewußtsein des Pendlers ist hier nicht als das geistige Steuerorgan zwischengeschaltet. Bei diesem direkten Arbeiten des Sensors zwischen den zwei Schwingungsfeldern schlagen deren spezifische Schwingungen immer durch. Die innere Vorstellung des Radiästheten wird, wenn sie sich überhaupt bemerkbar machen sollte, sozusagen ganz einfach überspielt.

Daher haben unzureichende innere Sammlung oder voreingenommene Wunschvorstellungen kaum eine Chance, sich durchzusetzen und damit ein falsches Ergebnis zu liefern. Der Wert, der darin für die Aussagekraft des Energiesensors liegt, kann kaum überschätzt werden.

In Jahrzehnten gewonnene Erfahrungen vieler Menschen

bestätigen dies ebenso wie systematisch vorgenommene und dann mißlungene Täuschungsversuche. Diese erste Arbeitsmethode kennzeichnet den Großteil der Ausführungen dieses Buches. Alle Übungen werden nach dieser Methode vorgenommen, soweit es nicht anders vermerkt ist.

2. *Das bewußt-mentale Arbeiten*: Hier funktioniert auch der Schwingpendel wie jeder normale Pendel. Er ist im Grunde nur eine andere, eine besondere Art des traditionellen Pendels. Hier ist also auch der Energiesensor der bewußt-unbewußten Beeinflussung durch den Pendler unterworfen. Daher muß sich dieser voll und ganz auf die gestellte Frage konzentrieren und jeden anderen Gedanken ausschließen. Er muß »geistig leer« sein. Auch eine klare Fragestellung ist unerläßlich, soll sich ein korrektes Ergebnis einstellen, was ich in meinen Pendelbüchern, besonders in dem zusammenfassenden »Großen Pendelbuch« dargelegt habe.

Dieses mentale Arbeiten bekommt seinen ganzen Wert in der Praxis zumeist erst *durch die Benützung von Kenntafeln* im Sinne der 84 Pendeltafeln meines »Großen Pendelbuchs«. Als wichtigstes Beispiel, an dem ich das Wesentliche kurz darstellen möchte, finden Sie die auf Seite 69 wiedergegebene 100%-Kenntafel. Sie ist eine Kombination der 100%-Skala mit dem A-B-Schema aus meinem Pendelbuch und zusätzlich einem Maßstab für das Ablesen der Schwingungsweite des Sensorkopfs. Mit dem Energiesensor können Sie damit arbeiten:

- *entweder* wenn sich diese Tafel etwa auf einem steifen Pappkarton aufgeleimt (mit rückwärts angeklebter schwenkbarer Stütze) *in annähernd senkrechter Position* und etwa in Höhe Ihres Oberarms befindet. Sie sollte einen festen Halt haben, auf einem geeigneten Möbelstück oder an einer Wand aufgehängt sein.

- *oder* einfacher: Sie arbeiten damit *in liegender Position* und halten Ihren Sensor exakt senkrecht mit dem Sensorkopf nach unten genau über den Mittelpunkt. Jetzt benutzen Sie den Sensor wie einen normalen Pendel. In dieser Haltung gibt es kaum eine Verzerrung der mehr schrägen Schwingungen, was ein sauberes Ablesen ermöglicht. Sollte sich der Sensorkopf nicht ganz so leicht wie ein Pendel in Bewegung setzen (weil der auch noch so dünne Stahldraht eine gewisse Versteifung bewirkt), dann stoßen Sie ihn leicht an, und er wird sich sogleich richtig einschwingen.

Wie arbeiten Sie damit?

1. Beispiel – 100%-Skala: Sie stellen sich in innerer Sammlung auf die gestellte Frage ein, z. B. »Wie weit ist die Gesundheit meiner Tochter Brigitte derzeit gestört im Verhältnis zu den 100%, die den Beginn einer lebensbedrohenden Erkrankung darstellen? Das bitte ich auf der äußeren Skala 0-100 anzuzeigen.« Dabei halten Sie den Sensorkopf Ihres Schwingpendels knapp vor den deutlich markierten Mittelpunkt der Kenntafel. Der Sensorkopf schwingt nun (vielleicht nach kurzem Herumwandern und Suchen) auf der äußeren Skala deutlich nach links oben etwa in Richtung 25%. Dann wissen Sie, daß es sich nicht um eine wirklich gefährliche, aber doch schon um eine nicht mehr ganz leicht zu nehmende Störung handelt.

2. Beispiel – A-B-Schema: Sie haben Ihren gestrigen Entschluß zu einem familiären Problem plastisch in konzentrierter Erinnerung und fragen: »Inwieweit war meine gestrige Entscheidung gekennzeichnet durch wirklich sachliche Überlegung: A oder durch egoistisch-persönliche Interessen: B? Das bitte ich auf der Zahlenskala A-B anzuzeigen.« Der Sensorkopf schwingt beispielsweise nach rechts oben in Richtung B auf die Zahl 60 hin. Dann wissen Sie, daß Sie zu 60% aus egoistischen und nur zu 40% aus sachlichen Motiven entschieden haben, was Sie wohl zum Nachdenken veranlassen kann. – Merken Sie sich: Das Überwiegende liegt immer in der angezeigten Richtung bei A oder B, der Rest gilt für die gegenüberliegende Seite.

3. Beispiel – Messen der Schwingungsweite: Frage »Ist das Medikament, das ich in meiner linken (locker geschlossenen) Hand halte, für mich gut?« Der Sensorkopf schwingt bald senkrecht und schwingt sich bis über den dritten, den äußersten Kreis hinaus hoch zur Stufe 4, also allerhöchste Zustimmung! Zur Erklärung:

a) Das senkrechte Schwingen des Sensorkopfes innerhalb des 1., 2., 3. Rings kennzeichnet die oben beschriebene Stufe 1, 2, 3 und das über den 3. Kreis Hinausschwingen kennzeichnet die 4., die höchste Stufe von Zustimmung bzw. Ablehnung.

b) Hätte der Sensorkopf nicht senkrecht, sondern waagerecht geschwungen, dann hätte das nicht »Ja«, sondern »Nein«, also Ablehnung bedeutet.

c) Noch ein Hinweis: Sofern Ihnen das zweckmäßig erscheint, können Sie fast immer beim Einsatz einer Hand oder eines Fingers als Antenne diese Kenntafel zum exakten Ablesen der Intensität von allen Schwingungsarten einsetzen.

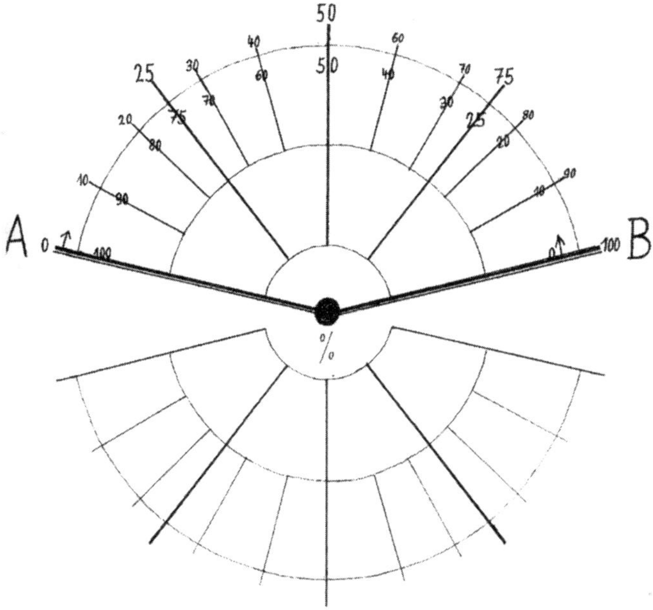

An dieser Stelle muß ich auf meine bereits erschienenen Pendelbücher verweisen. Haben Sie bitte Verständnis dafür, daß ich hier nicht alles das wiederholen kann, was dort als Ergebnis vieljähriger Pendelarbeit niedergelegt ist. Wir sind jetzt im Bereich des mentalen Arbeitens und damit prinzipiell im Bereich des traditionellen Pendels. Die angeführten drei Beispiele dürften für den vorliegenden Zweck im Rahmen dieses Buches vollauf genügen. Sie haben sicherlich bemerkt, daß ich die 100%-Kenntafel mit ihren Ergänzungen nur als Beispiel gebracht habe, wie sich eigentlich viele Pendeltafeln in gleicher Weise aufbereitet auch für die Verwendung und Auswertung durch den Schwingpendel eignen. Es führt allerdings kein Weg daran vorbei, daß das Ablesen mit dem altbekannten, nach unten hängenden Pendel immer ungleich präziser sein muß als mit dem vergleichsweise weniger »stabil« durch die Luft schwingenden Sensorkopf. Das trifft besonders bei der Benutzung der aufrecht stehenden Kenntafel zu. Insofern sind hier doch klare Grenzen gesetzt, was in der Natur der Sache liegt. Der Interessierte wird es indessen nicht zu bereuen haben, sich für weitergehende Pendelarbeit alle dafür erforderlichen Informationen aus meinem »Großen Pendelbuch« zu verschaffen.

Eine notwendige Schlußbemerkung: Wenn ich auf Seite 66 darauf hingewiesen habe, daß das Bewußtsein des Pendlers beim Arbeiten mit dem Energiesensor im Sinne des mentalen Arbeitens nicht nötig sei, also die absolute innere Sammlung auf die Frage nicht erforderlich sei, so kann das natürlich nicht heißen, daß man mit seinen Gedanken während dieser Arbeit beliebig herumspazieren könne. Unbewußt erwartet man ja immer das Ergebnis, nämlich die Bewegungen des Sensorkopfes, und schon deshalb sind die Augen auf diesen gerichtet, und die Gedanken, wenn auch nicht notwendigerweise allzu sehr gesammelt, sind doch bei der Sache. Das nur, um etwa einer übertriebenen Fehlinterpretation vorzubeugen!

Die häufigste Fehlerquelle

Nach sorgfältigen Erhebungen aus bald 20 Jahren kann ich getrost feststellen, daß *rund 85 Prozent aller Menschen*, die ernsthaft versuchen, *mit dem Energiesensor oder Schwingpendel zu arbeiten, dazu in der Lage sind*. Bei etwa einem Drittel davon »funktioniert« es auf Anhieb oder nach nur kürzester

Bemühung. Ein weiteres Drittel braucht nur wenige Tage oder höchstens eine Woche, um zum Erfolg zu kommen. Und das letzte Drittel schafft es nach mehreren Wochen, indem Tag für Tag versucht wird, auf die Fehler bei der Handhabung zu achten, und dadurch die Scheu und Angst vor sich selbst, vor dem Mißerfolg, Schritt für Schritt abzubauen.

Der bescheidene Rest von 15 Prozent scheint hoffnungslos »ungeeignet« zu sein. Da habe ich jedoch meine Bedenken. Es sind nämlich genug Leute darunter, die nur das bewußte oder unbewußte Vorurteil »Bei mir geht das eben nicht!« nicht loswerden. Viele Beobachtungen legen es mir nahe, die häufigste Quelle des Mißerfolgs in ihren Variationen hier deutlich herauszustellen.

Es hätte wenig Sinn, wenn ich jetzt den bereits beschriebenen richtigen Gebrauch des Energiesensors durch Aufweisung jeder falschen Handhabungsmöglichkeit noch einmal wiederholen würde, indem ich lediglich die negative Seite jedes einzelnen Punktes behandeln würde. Diese Kontrolle kann jeder Leser im Bedarfsfall selbst vornehmen. Jetzt kann es nur darum gehen, daß ich auf den wohl *häufigsten Grund* dafür hinweise, *daß ein Ergebnis ausbleibt*. Es handelt sich dabei um die relativ große Gefahr *einer unbewußten Verspannung oder gar Verkrampfung irgendwo im Körper*, die den freien Fluß der Energie erschwert oder gar blockiert. Der Grund dafür ist im wesentlichen zweifacher Natur:

Ganz allgemein: Im Zeichen der heutigen Leistungsgesellschaft *neigt ein hoher Prozentsatz der Menschen* in unseren westlichen Ländern von vornherein *zu Verspannungen*. Denn jegliches Sichgehenlassen, jegliches Das-Leben-locker-nehmen ist mindestens unbewußt mit der Besorgnis verbunden, man könne an vermeintlichem Persönlichkeitswert – so wie er fälschlicherweise vorwiegend verstanden wird – und an entsprechender Persönlichkeitseinschätzung einbüßen. Und das erscheint dem durchschnittlichen, im aktiven Leben stehenden Menschen unerträglich. Wie selten erleben wir in unseren Seminaren, die wir nun seit vielen Jahren abhalten, jemanden, der nicht unter ständiger innerer und damit auch äußerer körperlicher Spannung steht![6]

Konkret gesprochen: Speziell *die Finger* fassen den Stahldraht bzw. den Handgriff nicht locker an, sondern mit ausgesprochener Spannung. Auch *die Schulter* (das heute vielzitierte Schulter-Nacken-Syndrom!) ist oft verspannt, oder *die Knie* sind durchgedrückt und *die Füße* leicht verkrampft, was sich zum Beispiel in den mit Kraft angezogenen Zehen zeigt. Als Folge tritt dann sofort eine mehr oder minder ausgeprägte Blockierung des Energieflusses ein. Offensichtlich ist es aber eine wesentliche Voraussetzung für die unbehinderte Anzeige von im Organismus unbewußt erlebten Energieschwingungen, daß die Energie und jede Energieveränderung, die sich mit der inneren Sammlung auf ein Prüfobjekt einstellt, frei und völlig ungezwungen durch die Nerven hindurch in das Nervensystem der Hand fließen kann, die den Energiesensor hält. Wie könnte es auch anders sein? Daher ist die Arbeit an der eigenen Persönlichkeit im Sinn der richtig verstandenen ganzheitlichen Eutonie oder damit verwandten Techniken auch so wichtig.

Im besonderen neigt gerade der Anfänger, was sich leicht verstehen läßt, vor lauter Aufpassen auf die vermeintlich vielen Kleinigkeiten der richtigen Haltung des Körpers und des Geräts – bis diese durch ihre Einübung ganz selbstverständlich geworden sind – *zu übermäßiger Konzentration*. Das erschwert eine gelockerte, gelöste innere Einstellung und eine demgemäß lockere, gelöste Körperhaltung. Deshalb empfehle ich bei ausbleibendem Anfangserfolg, die zu Beginn des vorigen Kapitels aufgeführten Momente in aller Ruhe Punkt für Punkt einzuüben und dabei immer auf Freiheit von Spannung zu achten. Diese Mühe wird sich bald lohnen und dann ein um so erfolgreicheres Arbeiten mit dem Energiesensor zur Folge haben.

Es wird immer wieder nach der Gefahr gefragt, *die Ausschläge des Energiesensors durch Voreingenommenheit, persönliche Wünsche usw. zu beeinflussen*, ähnlich wie beim Arbeiten mit dem Pendel. Diese Gefahr will ich auf keinen Fall abstreiten. Ich bin mir jedoch nach Jahren des eigenen praktischen Arbeitens mit beiden Geräten und nach den diesbezüglichen Erfahrungen einer mittlerweile beachtlichen Zahl von anderen Personen ziemlich sicher, daß diese Besorgnis beim Verträglichkeitstest hier weit geringer ist als beim Pendel, sofern sie überhaupt bestehen sollte.

Die Erklärung ist einfach und einleuchtend: Während beim geistigen Pendeln der menschliche Geist immer gleichsam als Schaltstufe zu der zumeist nur gedachten, lebhaft vorgestellten Lebensrealität fungiert, reagiert der Energiesensor direkt auf die unmittelbaren, realen Schwingungen der zu prüfenden Substanzen bzw. Objekte. Die Gefahr der Einmischung von subjektiven Momenten ist also ganz wesentlich gemindert, wenn nicht sogar ausgeschlossen. In der Tat schlagen bewußte subjektive Täuschungsversuche, indem man sich voll und ganz auf ein bestimmtes Ergebnis einstellt, beim Energiesensor sehr oft fehl. Das wurde mir mehrfach bestätigt.

Nochmals: *Machen Sie sich als Anfänger frei von Ungeduld*! Denn auch sie erzeugt Spannung in Ihrem Organismus. Wenn Sie mit Ihrem Üben – auch bei anfänglichem Mißerfolg – nicht nachlassen, es täglich einige Male ernsthaft versuchen, dann werden sich bald erste Erfolge einstellen, die für weitere Motivierung sorgen. Sie werden Schritt für Schritt in die Beherrschung all der »Kleinigkeiten« hineinwachsen, die in der Summe rasch die nötige Erfahrung und den vollen Erfolg bringen.

Praktisches Einarbeiten

Nachdem Sie nun die im Hintergrund stehenden Gesetzmäßigkeiten des Energiesensors, das Gerät selbst und seine Handhabung kennengelernt haben, können Sie mit *einigen praktischen Übungen* beginnen, die Ihnen den weiten Spielraum aufzeigen, den Sie zu Ihrem reichen Nutzen gebrauchen können. Nochmals betone ich: *Achten Sie besonders am Anfang* Ihres praktischen Arbeitens darauf, daß Sie die herausgestellten Voraussetzungen bereits erfüllen. Um so rascher werden sie Ihnen zur selbstverständlichen Gewohnheit werden. Vermeiden Sie also, vorschnell eine falsche Gewohnheit einzuüben, die Sie sich dann später nur sehr schwer wieder abgewöhnen! Die folgenden Übungen setzen die richtige Handhabung selbstredend voraus.

1. Pflanzentest: Halten Sie den Sensorkopf 10-20 cm über eine Pflanze, Blume, Blüte, über ein Blatt einer Zimmerpflanze oder eines Strauchs im Freien. Nach kurzer Zeit der Einfühlung wird er mehr oder weniger stark auf und ab schwingen und damit die vorhandene Lebensenergie anzeigen:

- bei einer gesunden Pflanze schwingt er voll aus, vielleicht 14-15 cm, er kann dann auch in Rechtsdrehung übergehen,

- bei einer ungewöhnlich kräftigen Pflanze bis zum alleräußersten Rand seiner Schwingmöglichkeit, dann Rechtsdrehung,
- bei einer schwächlichen (vielleicht auf einem geobiologisch gestörten Platz stehenden) oder einer schon nicht mehr frischen oder nur mit Hilfe der Chemie noch »gut« aussehenden Schnittblume wesentlich schwächer, 4-12 cm,
- bei einer welk gewordenen, das heißt vor ihrem Sterben stehenden, nur noch ganz schwach, vielleicht 1-3 cm,
- und bei einer vollkommen verwelkten Pflanze bleibt er im Stillstand: die Lebenskraft ist jetzt erloschen, die Pflanze ist »gestorben«.

2. Batterie-Stärketest: Nehmen Sie zwei Stab- oder sonstige Taschenlampenbatterien gleichen Typs, eine weitgehend verbrauchte und eine neue. Halten Sie den Sensorkopf einige Zentimeter über den gleichen Pol: Sie werden über den Unterschied in der Reaktion staunen! Wiederholen Sie den Test, wobei Sie jedoch eine Hand oder nur einen Finger als Antenne benutzen.

3. Batterie-Polungstest: Halten Sie den Sensorkopf über den Pluspol der Stabbatterie. Er wird sehr wahrscheinlich rechts, im Uhrzeigersinn drehen. Dann über den Minuspol: Er wird sehr wahrscheinlich links, entgegen dem Uhrzeigersinn drehen. Verinnerlichen Sie zuvor die grundsätzliche Reaktion: Pluspol ist rechtsdrehend, Minuspol linksdrehend. Es ist nämlich im weiteren Sinn für viele Pendelfragen wichtig, hier zweifelsfreie Klarheit zu haben. Deshalb sollte sich die von Anfang an in dieser Form in Ihr unterbewußtes Nervensystem eingraben.

4. Eigenvitalitätstest: Halten Sie Ihre linke locker gestreckte Hand nur wenig, höchstens 4 cm (also noch in der »materiellen« Auraschicht) vor Ihren Solarplexus und prüfen Sie mit dem Schwingpendel in der rechten Hand die Weite des Sensorkopf-Ausschlags, indem Sie Ihre linke Hand langsam immer weiter vom Körper entfernen. Machen Sie das zu verschiedenen Tageszeiten, an denen Sie müde und an denen Sie fit und frisch sind! – Sie können bei einem nur schwachen Anschwingen einen gesunden Baum einige Minuten lang umarmen, oder einen Bergkristall oder auch einen »gewöhnlichen« kräftigen Stein einige Minuten auf den Solarplexus legen und die Prüfung jetzt wiederholen: Sie werden sich über die positive Veränderung wundern.

5. Scheiteltest: Halten Sie den Sensorkopf 20-30 cm über den Scheitel eines Menschen, der auf einem Stuhl oder auf dem Fußboden sitzt und warten Sie auf sein Auf- und Abschwingen. Merken Sie sich, bis zu welchem Maß der Sensorkopf hier ausschwingt.

- Dann beginnen Sie von neuem etwa 20 cm höher und nehmen eine zweite Messung vor.
- Das wiederholen Sie so lange, bis in größerer Höhe kein Schwingen mehr einsetzt.

Merken Sie sich die Weite der Ausschläge in den verschiedenen Höhen und die höchste Höhe, in der der Energiesensor noch anspricht.

Machen Sie diesen Test bei anderen Menschen und vergleichen Sie die Ergebnisse. Es wird Sie zum Nachdenken anregen!

6. Nahrungstest: Nehmen Sie ein Lebensmittel oder Obst oder Getränk in Ihre linke Hand, die Sie so weit nach vorn strekken, daß sich der in Ihrer rechten Hand gehaltene Energiesensor mit seinem Kopf 15-20 cm darüber befindet.

- Wird der Sensorkopf von der Mischung der Schwingungen aus dem Nahrungsmittel und Ihrer Hand angezogen, schwingt er auf und ab (senkrecht), so ist das getestete Stück für Sie gut, Ihr Körper braucht es; je stärker die Schwingbewegung, um so mehr.
- Geht der Sensorkopf jedoch hin und her (waagerecht), ist das Gegenteil der Fall.
- Eine zweite Prüfmethode ist, daß Sie das Teststück 15-20 cm vor Ihren Magen halten und mit der rechten Hand den Sensorkopf in die Mitte zwischen Magengegend und Teststück führen (wozu Sie den rechten Ellenbogen anheben können und dabei auf absolut ruhige Handhaltung achten, weil Sie den Ellenbogen jetzt ja nicht mehr an die Hüfte anlehnen können). Schwingt der Sensorkopf zwischen beiden hin und her (waagerecht), so zeigt das die wechselseitige Anziehung an, das getestete Lebensmittel ist für Sie gut; je stärker die Schwingbewegung, um so mehr.
- Im gegenteiligen Fall des Auf- und Abschwingens (senkrecht) will die Strahlung Ihres Körpers nichts mit der des Teststücks zu tun haben: es ist für Sie nicht gut; je stärker auch hier die Schwingbewegung, um so weniger.

Sie sehen: Nicht die senkrechte oder waagerechte Schwingung an sich gibt Ihnen die richtige Antwort, sondern nur die Position des Sensorkopfes zu der bzw. zu den Schwingungen, die auf ihn einwirken. Sie können sicher sein, daß das Ergebnis Ihrer Überprüfungen bei den beiden verschiedenen Methoden ausnahmslos entweder positiv oder negativ ausfällt, obwohl die Schwingungsrichtung des Sensorkopfes für das Auge verschieden ist.

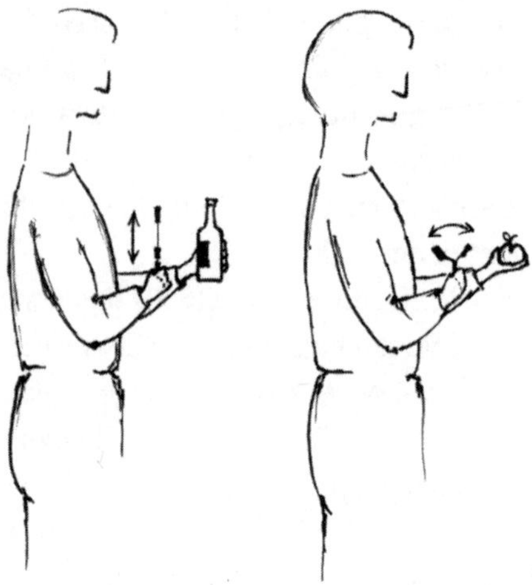

7. Baumtest: Legen Sie Ihre geöffnete linke Hand mit den leicht abgespreizten Fingern locker auf einen Baumstamm, halten Sie den Sensor in der Normalposition der rechten Hand und warten Sie dessen Bewegungen ab:

- Die Stärke des nach kurzer Zeit einsetzenden Auf und Ab (senkrecht) zeigt Ihnen, wie stark die Lebens- und Strahlungskraft dieses Baumes ist, also deren Intensität. Ist sie recht stark, geht der Sensorkopf bald in Rechtsdrehung über, um dann wieder senkrecht, dann wieder rechtsdrehend und senkrecht usw. zu schwingen. Das wiederum zeigt Ihnen eindeutig die positive Wertigkeit dieser Ausstrahlung, das heißt, daß sie ausgesprochen wertvoll und förderlich ist. – Äußerst selten mag der Sensorkopf sinngemäß in der gleichen Weise auch links drehen, dann ist das Gegenteil der Fall, das heißt, die Ausstrahlung dieses Baumes bzw. der geprüften Stelle ist negativen Gehalts. Das kann der Fall sein bei einer krankhaften Wucherung (Krebs).

- Dann gehen Sie Stück um Stück auf immer größeren Abstand zu diesem Stamm, wobei sich Ihre Hand bald von ihm löst, jedoch weiter locker geöffnet auf ihn gerichtet bleibt: Sie prüfen immer wieder den Ausschlag. Und das so weit, bis keiner mehr erfolgt. Dann wissen Sie genau, wie weit die Auraausstrahlung dieses Baumes hinaus in seine Umgebung und die Natur reicht. Sie werden vielleicht staunen über die Kräfte, die wir weder sehen noch spüren, und die doch da sind und ihre unzweifelbare Wirkung haben!
- Sie können jetzt, wie unter Ziffer 6 »Nahrungstest« im zweiten Teil, die andere Prüfmethode anwenden: Sie stellen sich dabei mit Ihrem Körper auf Distanz zum Baumstamm, erweitern jeweils die Distanz und halten zur Überprüfung Ihren Energiesensor immer etwa in die Mitte zwischen den Baumstamm und Ihren Körper. Die Bewegungen des Sensorkopfes sagen Ihnen jetzt die Wirkung dieser spezifischen Baumschwingung auf Ihren Organismus. Die Stärke der Schwingungen zeigt selbstverständlich auch hier die Intensität von Angezogen- oder Abgestoßensein an, also von positiver oder negativer Wirkung auf Sie persönlich.

8. Magnettest: Legen Sie einen noch so kleinen Magneten, zum Beispiel einen sogenannten Magnetschnäpper zum Halten von Möbeltüren oder einen kleinen Taschenkompaß mit seiner winzigen Magnetnadel auf den Tisch und halten Sie den Sensorkopf zunächst 20 cm genau über den Magneten:

- Nach einiger Zeit, vielleicht erst nach einer Minute, beginnt er zu schwingen: zuerst auf und ab (senkrecht), dann geht er in eine deutliche Linksdrehung über, anschließend sofort nach kurzem Übergang von Auf und Ab in eine deutliche Rechtsdrehung, und dann wechselt er wieder zurück in das klare Auf und Ab, worauf das alte Spiel links, rechts, auf und ab von neuem beginnt und sich beliebig oft wiederholt.
- Sie können den kleinen Magneten jetzt auf den Fußboden legen und den Sensorkopf in 1 m Höhe genau darüber halten: Der gleiche »Tanz« spielt sich ab.
- Sie können nun auf einen Stuhl steigen und den Sensorkopf so hoch wie Ihnen möglich über den Magneten plazieren, aber genau darüber: Das gleiche Spiel wiederholt sich.
- Stellen Sie sich jetzt etwas seitlich und halten Sie statt des Sensorkopfes Ihre linke Hand genau über den auf dem Tisch liegenden Magneten, in Ihrer rechten Hand den Energiesensor in Normalhaltung: Dasselbe wird geschehen. Auch dann, wenn Sie die Hand 1 m hoch exakt über ihn halten, wenn er auf dem Fußboden liegt, und ebenso, wenn Sie Ihre Hand so hoch hinaufhalten, wie Sie nur können. Sie dürfen sich dabei nur nicht verspannen oder gar verkrampfen.

Warum der Energiesensor diesen »Tanz« aufführt? Sie werden feststellen, daß der Energiesensor über jedem Magneten und bei jeder magnetischen Beeinflussung, wann immer Sie es probieren, gleich reagiert. Offensichtlich steht die physikalische Gesetzlichkeit dahinter, daß Magnetismus ohne Minus- und Pluspol nicht möglich ist. Die Elektrophysiker sind sich heute weitgehend einig, daß der elektrische Strom vom Minus- zum Pluspol fließt. Deshalb schwingt der Sensorkopf nach dem senkrechten Aufschwingen (Anzeige von Energie) zuerst linksdrehend (Minuspol), dann rechtsdrehend (Pluspol), dann wieder senkrecht und sofort in ewiger Wiederholung. Das dürfte die logische Erklärung sein. Und warum ist das Ganze so wichtig? Sehr einfach: *Weil es untrüglich Magnetismus anzeigt*, wie er uns zum Beispiel beim magnetischen globalen Gitternetz mit seiner ständigen latenten Gesundheitsgefährdung überall begegnet. Darüber wird später noch ausführlich gesprochen werden. Merken Sie, wie Sie bei allen diesen praktischen Übungen *immer nur das eine feststellen und messen: Energie*, ausstrahlende Lebensenergie, Vitalkraft. Wenn alles schwingende, fließende Energie ist – und daran kann kein Zweifel mehr sein –, dann ist die Energie nicht nur in der nach unseren Begriffen »lebenden« Substanz, dann ist sie genauso in der nach unseren Begriffen »toten« Substanz. So verstanden ist auch jeder Stein ein energetisches Gebilde und daher etwas Wandelbares und »Lebendes«.

Hier nochmals zur »Sprache« des Energiesensors: Halten Sie sich nicht formal an die senkrechte oder waagerechte Schwingung des Sensorkopfes als einer etwa eindeutigen Kundgabe, sondern an die Richtung seiner Schwingung bezogen auf die beiden zu überprüfenden Objekte mit ihren besonderen Schwingungsfeldern:

- Zieht die (Lebens-)Energie, die in *einem* Prüfobjekt steckt oder in zwei einander gegenüberstehenden, den Sensorkopf an, dann ist die Antwort positiv.
- Verweigert Sie das, indem sie den Sensorkopf quer zu dieser Richtung schwingen läßt, bewegt er sich also zwischen den beiden Energiefeldern entlang deren Berührungsfläche, dann ist die Antwort negativ.
- An der Stärke oder Intensität des Ausschlags oder der Schwingung des Sensorkopfes können Sie den Grad der Zustimmung oder der Ablehnung zuverlässig ablesen. Daher empfiehlt es sich, daß Sie sich mindestens für den Anfang, bis sich Ihr Auge entsprechend geschärft hat, zum genaueren Ablesen der Schwingungsweite eine einfache Skala anfertigen, die natürlich auf die Länge Ihres Stahldrahts und das Gewicht des Sensorkopfs abgestimmt ist. Ein bewährtes allgemeines Richtmaß habe ich auf Seite 63 aufgeführt.

Die Beachtung dieser Punkte wird Ihnen besonders zu Beginn Ihrer Arbeit mit diesem Gerät, das in seiner Wirkung geradezu zauberhaft erscheint, manche Unklarheit ersparen.

Gesundheitliche Anwendung

Mit den praktischen Übungen, die Sie im letzten Kapitel kennengelernt und gemacht haben, ist Ihnen im Prinzip schon die Handhabungstechnik der konkreten Alltagsarbeit mit dem Energiesensor vertraut geworden. Das werden Sie bei den verschiedenen Arten seiner Anwendung immer wieder sehen und erleben. So brauche ich im folgenden Teil des praktischen Gebrauchs des Energiesensors nur relativ knappe Hinweise auf seinen Einsatz bzw. auf die eine oder andere Besonderheit zu geben.

Verträglichkeit von Nahrungsmitteln aller Art

Zunächst geht es um die unmittelbare Hilfe, die der Energiesensor im alltäglichen Leben leistet; um die Frage, *ob alles das, was wir körperlich zu uns nehmen, für uns auch gut ist oder nicht*. Die vielerörterte Verträglichkeit von Nahrungsmitteln jeder Art soll überprüft werden, zubereitete Speisen, bald unübersehbare Getränkearten, die uns allerorten angeboten werden, und schließlich – ein ganz wichtiges Kapitel – die Auswahl bzw. Kontrolle der Medikamente, die wir im Fall einer gesundheitlichen Störung benötigen, um mit ihr fertig zu werden. Es geht dabei immer um eine tatsächliche Bekömmlichkeit in dem Sinne, das »es schmeckt«, ohne daß eine negative Nachwirkung oder gar Schädigung nachfolgt.

Sämtliche Nahrungsmittel und natürlich auch alle Medikamente, die wir unserem Körper zuführen, haben nicht nur ihre heute im Detail bekannten chemischen Auswirkungen heilsamer und schädlicher Art. Sie lösen aufgrund der ihnen innewohnenden biophysikalischen Schwingungen auch *allerfeinste elektromagnetische Impulse* aus und steuern so auch die Regulationsmechanismen unseres Nervensystems und des ganzen Körpers mit. Dabei spielt eine wesentliche Rolle unsere Haut, in der der gesamte energetische Prozeß unseres Organismus lebendig ist. An alldem kann nach den Erkenntnissen und praktischen Erfahrungen der letzten Jahrzehnte kein Zweifel mehr bestehen.

Von hier aus gesehen tut sich ein wichtiger *neuer Aspekt zu Gesundheit und Krankheit* auf. Daher weiß die moderne biologische Medizin sehr genau, warum sie sich heute so intensiv gerade auch mit diesem Problemkreis auseinandersetzt. Die Energien dieser Bioelektrizität können wir ebenso schlicht wie treffend als Grundfaktor unserer Lebenskraft bezeichnen: der Lebenskraft, die uns von Natur aus innewohnt und die unsere volle Gesundheit nur mit Hilfe der unserer Nahrung innewohnenden Lebenskraft erhalten kann.

Zurück zum Energiesensor. Da ich mich seit Jahrzehnten mit dieser Problematik beschäftige, darf ich getrost sagen, daß er uns in einer geradezu großartigen Weise helfen kann, *die vielen, in der Praxis täglich auftauchenden Fragen zu klären*. Bisher waren wir immer nur auf die Methode angewiesen-wie der Engländer sagt – des »try and error«, also des Probierens und des Irrens, wobei uns der allgemeine menschliche Erfahrungsschatz zwar beträchtlich, aber niemals ganz vor Mißgriffen schützen konnte. Vor Mißgriffen deshalb, weil jeder Mensch ein in sich geschlossenes Individuum darstellt, das im Zug des stetigen Wandels auch von Tag zu Tag verschieden ist und unendlich vielen nicht berechenbaren Einflüssen unterliegt, die außerhalb des allgemeingültigen Erfahrungsschatzes liegen müssen. Der Energiesensor erfaßt dagegen immer die augenblickliche Gesamtsituation und gibt die in dieser augenblicklichen Situation richtige Antwort. Die auf der Grundlage der Bioenergie arbeitende Radiästhesie ist bei verantwortlicher Anwendung die einfachste praktische Hilfe für den Alltag und zugleich die billigste.

Warum das so ist, haben wir im Grundsätzlichen besprochen. Hier nur, um die kühne Behauptung von soeben zu erhärten, noch einmal *die wesentlichen Stichworte*: Alles ist schwingende Energie. Nicht umsonst wird in der Medizin, der Biochemie, der Biophysik und vielen benachbarten Sonderzweigen der Wissenschaft seit Jahren mehr und mehr von der Bioenergie und der Bioresonanz gesprochen und darüber geforscht. Immer geht es um die Lebensenergie (Vitalkraft). Die Nahrung soll uns ja die Lebensenergie, die wir ständig verbrauchen, laufend wieder zuführen.

Der prüfende bzw. der geprüfte Mensch strahlt sein Schwingungsfeld aus und das zu prüfende Nahrungsmittel oder Medikament, das er in der Hand hält oder das vor ihm liegt oder vor ihn gehalten wird, das seine. Der Energiesensor, der dem Einfluß dieser beiden Schwingungsfelder ausgesetzt wird, zeigt uns an, wie sie sich zueinander verhalten und wie unser Organismus auf die Schwingung reagiert, die auf seine eigene stößt. Sind die beiden im Einklang miteinander, dann schwingt der Sensorkopf von einem Schwingungsfeld zum anderen: Dann *tut das geprüfte Objekt unserem Körper gut*, dann kann er es zu seinem Heil gebrauchen, oder er benötigt es sogar. Die Stärke der wechselseitigen Anziehung sagt es uns.

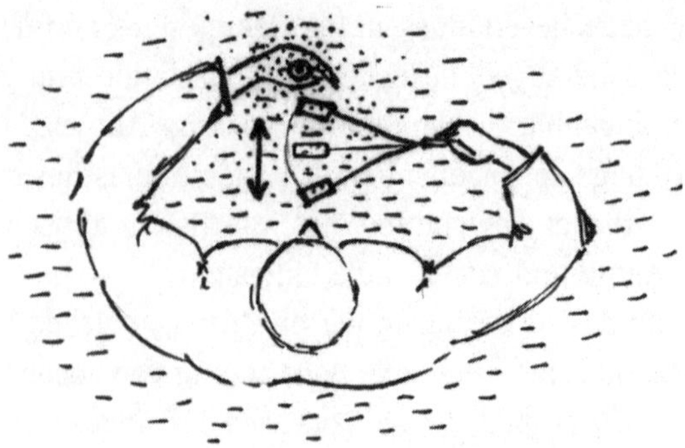

Und im gegenteiligen Fall, wenn die beiden Schwingungsfelder nicht im Einklang miteinander sind, stoßen sie sich aneinander, und der Sensorkopf schwingt an der Nahtstelle der beiden Trennungslinien entlang: *Dann verweigert unser Organismus die Annäherung dieses Objekts*, er will mit ihm nichts zu tun haben, er weist es vielleicht brüsk zurück. Die Intensität des Schwingens entlang der Berührungslinie der Strahlungsfelder zeigt es uns sehr deutlich.

Ist das prinzipiell etwa anders, wenn z. B. unser Radio und unser Fernseher nur dann funktionieren, wenn *der ortsfremde Sender und unser Empfangsgerät* sauber aufeinander abgestimmt sind? Nur dann können die Wellen des Senders beim Empfänger ankommen. Und weshalb ist uns das heute eine Selbstverständlichkeit, an der nur noch ein Narr zweifeln kann, und in unserem Fall des Energiesensors sollte es unglaublich oder gar Unsinn sein? Wer es immer wieder als im Ergebnis zutreffend erlebt, kann sich über diese Selbstbeschränkung des Denkens mancher Menschen nur wundern.

Nun kommt es manchmal vor, daß *der Sensorkopf zwischen den beiden Strahlungsfeldern still stehen bleibt*. Er kommt nicht ins Schwingen. Selbstverständlich haben Sie bis zu einer guten Minute gewartet, bis Sie das feststellen können. Was kann das anderes bedeuten als weder Anziehung noch Abstoßen? In diesem Fall ist das Prüfobjekt für Ihren Organismus neutral, das heißt weder gut noch schlecht. Sie können es ihm zuführen oder es sein lassen: Es wird sich nichts Nennenswertes in ihm verändern.

Wie müssen Sie den Energiesensor bei dieser Verträglichkeitsprüfung halten? Das haben Sie im Kapitel »Praktische Einarbeitung« in der 6. Aufgabe »Nahrungstest« schon kennengelernt. Beachten Sie auch die beiden Abbildungen, die Sie dort sehen und halten Sie sich bitte an die dortige Anweisung, die Sie am besten jetzt nochmal nachlesen. Nur *wenn Sie das Prüfobjekt für Ihre eigene Person testen wollen*, nehmen Sie es selbst in die (linke) Hand und halten gleichzeitig mit der anderen (rechten) Hand den Energiesensor so, daß sein Kopf 10-20 cm genau darüber ist. Wenn Sie – wiederum bei Prüfung für sich selbst – die andere Methode anwenden, bei der Sie den Prüfgegenstand 15-20 cm vor den Magen halten, dann können Sie das ebenfalls selbst tun oder auch irgendein anderer Mensch, oder Sie plazieren ihn an den Rand eines entsprechend hohen Möbels und sich selbst als »Prüfling« entsprechend nahe davor. Alles das ist gleichgültig. In jedem dieser Fälle bedienen Sie den Energiesensor so, daß sein Kopf möglichst genau in die Mitte zwischen Ihren Körper und das Prüfobjekt kommt.

Um keinerlei Zweifel zu lassen: Wenn Sie irgendein Nahrungsmittel oder Medikament auf seine Verträglichkeit *für eine andere Person testen*, dann geben Sie ihr es entweder in die Hand und halten den Sensorkopf darüber oder, wenn sich das Prüfobjekt vor dem Körper (Magen) befindet, zwischen beide. Die Details dieses Vorgehens sind immer die gleichen, und Sie kennen sie schon, so daß ich sie hier nicht zu wiederholen brauche.

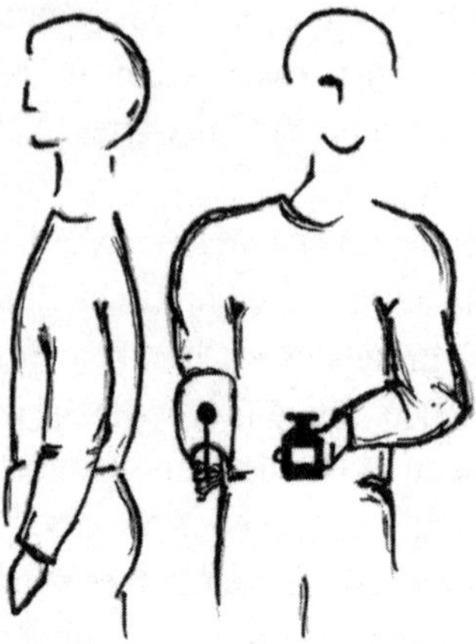

Alles was Sie durch den Mund zu sich nehmen, halten Sie zur Prüfung am besten *vor den Magen*, also Lebensmittel, Speisen oder Getränke. Bei einem Medikament tun Sie das gleiche, oder Sie halten es 15-20 cm *vor das körperliche Organ*, für das es bestimmt ist, z. B. bei einem Mittel zum Einreiben des Kreuzes vor die untere Lendenwirbelsäule und das Kreuzbein.

Der einfachste allgemeine Lebensmitteltest, besonders wenn es um ein überschrittenes Verfallsdatum geht: Ist dieses Produkt noch gut oder schon schlecht geworden? Halten Sie den Sensorkopf einfach darüber: Dreht er rechts, ist der Artikel noch gut, dreht er links, ist er schlecht geworden und unverträglich.

Ermittlung des Wertes von Nahrungsmitteln jeglicher Art: Er kann und wird tatsächlich im Zeitalter der chemischen Düngung, der Überdüngung, der industriellen (Vor-)Verarbeitung und künstlichen Frischhaltung bekanntlich stark schwanken. Da bietet Ihnen die 100%-Kenntafel (siehe Kapitel »Die zwei verschiedenen Arbeitsmethoden«, S. 65ff.) wieder eine hervorragende Hilfe. Sie brauchen den Schwingpendel nur über die Kenntafel zu halten und zum Beispiel zu fragen: »Wenn kerngesunde Bananen maximal eine Lebenskraft oder Energieausstrahlung von 100 Prozent haben, wie hoch ist die Lebenskraft oder Energieausstrahlung dieser Bananen, die ich in der Hand halte, bezogen auf den Idealfall von 100 Prozent?« Sie können aber auch mit der mentalen Methode fragen: »...die vor mir liegen ...« oder »... die ich vorhin im Geschäft gesehen habe ...« Dabei sehen Sie dieses Nahrungsmittel lebendigplastisch in dem Laden liegend vor Ihrem inneren Auge. Auf diese Weise können Sie sich vergewissern: biologischer Anbau, reichlich Kunstdünger oder gar Insektenvernichtungsmittel oder radioaktive Bestrahlung? Gerade in unserer Zeit ist das doch eine gar nicht hoch genug einzuschätzende Lebenshilfe für die eigene langfristige Gesundheit oder die der Familie!

Eine einfache mentale Prüfmethode für Verträglichkeit mit Ja-oder-Nein-Frage: Sie brauchen also ein bestimmtes Nahrungsmittel gar nicht in natura in der Hand zu haben, um es prüfen zu können. Die Ausgaben dafür können Sie sich im Zweifelsfall sparen, indem Sie noch vor dem Kauf seine Verträglichkeit mental prüfen. Statt z. B. ein tatsächliches Stück Schweinefleisch zu überprüfen, indem Sie es in der Hand halten, können Sie das auf die folgende Weise tun: Sie stellen sich ein Stück Schweinefleisch plastisch vor und konzentrieren sich darauf. Den meisten Menschen wird das dadurch erleichtert, daß sie dabei ständig das Wort »Schweinefleisch« laut oder leise oder nur in Gedanken vor sich hersagen bzw. wohlausformuliert denken. Jetzt verbinden Sie das mit der Frage: »Ich bitte um Antwort: Ist Schweinefleisch für mich (jetzt) verträglich, ja oder nein?« Wie bei einer solchen Fragestellung üblich, bedeutet senkrechtes Schwingen »Ja« und waagerechtes Schwingen »Nein«. Probieren Sie es: Die richtige Antwort wird Ihnen gegeben werden.

Wenn Sie diese Klarheit *für einen anderen Menschen* schaffen wollen, dann liegt es an ihm, sich in der beschriebenen Weise ganz auf sein Prüfobjekt einzustellen. Sie stehen vor ihm, öffnen Ihre linke Handfläche locker als die erforderliche Antenne zu ihm hin und stellen dann die Frage sinngemäß für seine Person gültig formuliert. – Wer im mentalen Pendeln hinreichend sicher ist, braucht natürlich die körperliche Anwesenheit der anderen Person gar nicht mehr: Die Ja-Nein-Frage wird sich bei voller Sammlung darauf genau so beantworten.

Noch ein Punkt von großer Wichtigkeit, der für alle folgenden Darlegungen gilt: *Der Energiesensor kann immer nur den augenblicklichen Zustand angeben*. Die Situation in den betreffenden körperlichen Organen (übrigens ebenso wie in der Seele, im Gemütsleben) kann morgen schon anders, vielleicht ganz anders sein als heute, am Abend anders als am Morgen oder Mittag, und am Morgen anders als am Abend zuvor.

Jedes Lebensmittel oder Medikament kann eben zu verschiedener Zeit bei verschiedener körperlicher und seelischer Ausgangssituation mehr oder weniger verträglich oder auch unverträglich sein.

Nehmen Sie also, ganz besonders in einer kritischen Situation, eine augenblickliche Angabe, ein im jetzigen Moment erzieltes Ergebnis auf keinen Fall als allgemeingültig oder auch nur für eine längere Zeitspanne als gültig. Wie viele *Behandlungsfehler* sind auf die Mißachtung dieses Punktes zurückzuführen! Das gleiche gilt auch für die einzunehmende Menge: Ist sie zu groß, kann die Antwort negativ ausfallen, während derselbe Stoff in der richtigen kleinen Menge positiv beurteilt wird.

Nun noch wichtige Hinweise für die Praxis des Energiesensorgebrauchs:

a) *Nahrungsmittel jeglicher Art*: Die Prüfung von Lebensmitteln bietet sich vor allem dann an, wenn man *in sie nicht hineinschauen kann*, wie es zum Beispiel bei Eiern der Fall ist. Aber natürlich nicht nur in diesem Fall, sondern immer, wenn die Bekömmlichkeit, die Verträglichkeit für den gesamten Organismus in Frage steht. Denken Sie an die vielfältigen *Diäten*, die heute bei bestimmten Störungen auf dem Werbemarkt je nach der Erfahrung des einzelnen Arztes für Kleinkinder, Kinder, alte Menschen und Kranke empfohlen werden. Was darf man, was darf man nicht? Wird es einem bekommen oder den Körper vielleicht noch mehr schwächen? Das sind die üblichen und sehr berechtigten Fragen.

Oft hat jemand in dieser Lage *eine besondere »Lust« auf etwas ganz Bestimmtes*, z. B. ein bestimmtes Obst, und es wird ihm wegen der strikten Diätvorschrift verweigert. Der konkrete Körper aus Fleisch und Blut in seiner jeweils besonderen Situation ist oft – natürlich nicht immer – klüger als eine abstrakte Vorschrift und weiß meistens viel besser, was ihm bekommt und was nicht: Überlassen Sie die Entscheidung getrost der Weisheit der sich berührenden Schwingungsfelder und dem Energiesensor, der es klar anzeigt, und – halten Sie sich daran! Mehrere positive Erfahrungen, die Sie selbst machen oder an der Quelle beobachten, werden Ihre Zweifel ein für allemal ausräumen.

Ein anderer häufiger Fall: Wie oft wollen *schwangere Frauen oder Kranke in der Gesundungsphase* »etwas ganz Verrücktes« essen! Die einen sagen dann »Selbstverständlich, ja«. Und die anderen »Um Himmels willen, nein«. Jetzt braucht sich der arme Mensch in dieser Zwangslage nicht mehr damit herumzuschlagen, wer wohl recht hat: Der Energiesensor zeigt es ihm, und er wird bald Vertrauen zu ihm haben.

Übrigens: *Je naturnäher unsere eingenommene Nahrung ist, um so mehr Lebensenergie* führt sie uns zu. An dieser schlichten Tatsache führt kein Weg vorbei, auch nicht die noch so lockend aufgemachten Überzeugungsversuche der Werbung. Sie beruhen in erster Linie nur auf dem Gewinn versprechenden Verkaufsinteresse der Anbieter.

Am Anfang dieses Buches habe ich Ihnen einige Zeugnisse aus der Lebenspraxis für *die oft verblüffende Treffsicherheit des Energiesensors* aufgeführt. Ich möchte Sie im vorliegenden Zusammenhang bitten, den ersten dieser sieben Fälle noch einmal aufmerksam durchzulesen. Ist das nicht ein schlagender Beweis für das, worum es hier geht? Wohlgemerkt: Es ist ja nur ein Beispiel für viele prinzipiell gleichgeartete Fälle, wo nur die spektakuläre Katastrophe von Tschernobyl fehlt, um erhöhte Aufmerksamkeit zu erregen.

b) *Zubereitete Speisen*: Zu diesem Thema ist meinen Ausführungen nicht viel hinzuzufügen. Selbstverständlich haben sie nicht nur für noch unverarbeitete Nahrungsmittel oder für die heute so weit verbreiteten Halbfertigerzeugnisse vielfältigster Art ihre Gültigkeit, sondern genauso für bereits zubereitete Speisen. Wenn sich diese als nicht bekömmlich erweisen, dann sollte man nicht – wie es häufig geschieht – die Speise als solche und als Ganzes verantwortlich machen mit dem vorschnellen Urteil: »Ich vertrage dieses Essen nicht.« In vielen Fällen läßt sich mit Hilfe des Energiesensors sehr wohl präzise feststellen, warum die Speise nicht vertragen wurde. Man braucht nur sämtliche verwendeten Zutaten durchzuprüfen. Dann stellt sich nicht selten rasch und mühelos heraus, daß z. B. der Hauptbestandteil dieser Speise gut verträglich und lediglich ein bestimmtes Gewürz oder eine sonstige Zutat nicht in Ordnung war bzw. aus welchen Gründen auch immer nicht vertragen wurde. Womit nicht gesagt ist, daß das immer so sein muß, wie ich bereits betont habe. Diese Erkenntnis kann in vielen Fällen eine große Hilfe sein.

Noch ein Wort zu Allergien. Es versteht sich von selbst, daß alle diese Ausführungen in vollem Umfang auch für die oft außerordentlich belastende, ja gefährliche Unverträglichkeit irgendwelcher Substanzen zutrifft. Hier gilt es nur, an alles und jedes zu denken, was man zu sich nimmt bzw. womit man in Berührung kommt. Alle in Frage kommenden, oft ganz unscheinbaren Substanzen müssen nur auf ihre Verträglichkeit mit dem eigenen Organismus überprüft werden. Das kann in bestimmten Fällen von großem Wert sein und unnötige Belastungen von oft langer Dauer vermeiden.

Auch bitte ich Sie, nochmal den Fall der Schweizer Therapeutin (siehe Seite 15 f.) mit der nachfolgenden Bestätigung des dermatologischen Labors des Berner Inselspitales zu lesen. Es zeigt exakt auf das, was ich soeben über die Gefährlichkeit von unauffälligen Substanzen gesagt habe: Feinste Spuren von Wollfetten waren der Bösewicht, der die Patientin jahrelang gequält hatte!

c) *Getränke aller Art*: Das bisher Gesagte gilt natürlich sinngemäß auch hier. Nehmen Sie »den« *Kaffee*: Wie viele Sorten gibt es da, und wie verschieden ist die Art der Zubereitung! Ich brauche nur auf den großen Unterschied in der Verträglichkeit bei vielen Menschen hinzuweisen, je nachdem, ob er nur relativ schwach gebrannt ist (wie vorwiegend in Deutschland) oder wesentlich stärker (wie in den südlicheren Ländern). Auch wenn Kaffee ganz allgemein in gewissem Sinn als giftig gelten kann und muß, so gibt es doch einen nicht geringen Prozentsatz von Personen, für die er ein wichtiges Anregungsmittel für Körper und Geist ist, solange er nicht im Übermaß eingenommen wird. Der Energiesensor sagt untrüglich, welche Kaffeeart bei welcher Zubereitung dem Organismus in Anbetracht aller Umstände gut bekommt und welche nicht. Warum soll man sich mit seiner Hilfe im Zweifelsfall nicht von allgemeinen Vorurteilen befreien und das Bekömmliche und Gute ausnützen, ohne deshalb Negatives auf sich zu ziehen?

Das gleiche trifft natürlich auch für die ganz verschiedenen Sorten und Zubereitungsarten von *Tee* zu, ebenso von *Kräutertee*. Es ist ein Segen, daß heute in breiten Bevölkerungsschichten ein neues Bewußtsein erwacht für den großen Wert der Naturheilmittel ganz allgemein und im besonderen für den Heilungseffekt so vieler Kräuter, die die Natur uns unverfälscht schenkt. Jedem Interessenten steht eine breitgestreute

Literatur darüber zur Verfügung, und das Angebot ist so vielfältig, mit zahlreichen lockenden Versprechungen, daß man aus der Unsicherheit, das Richtige zu finden, aus der Qual der Wahl kaum noch herausfindet. Die einfache Hilfe: Suchen sie sich aus der Fülle der in Betracht kommenden Kräuter die wenigen aus, die Ihnen für Ihren speziellen Fall als besonders empfehlenswert geschildert werden – sei es aus der Literatur oder von erfahrenen Fachleuten –, beschaffen Sie sich diese und befragen Sie noch vor der Zubereitung Ihren Energiesensor. Er gibt Ihnen klare Antwort, entweder Ja oder Nein, und die Stärke seiner Schwingung gibt ihnen das für Sie in diesem Augenblick Bestgeeignete an. Übrigens: Die mentale Methode gibt Ihnen schon vor der Anschaffung der Tees die richtige Auskunft.

Wie viele Menschen wissen nie so recht, welcher *Wein* aus welcher Lage und welchem Jahrgang für sie der beste ist, für die Verträglichkeit im Magen und oft als wesentliche Hufe für eine gute Verdauung. Der Energiesensor sagt es Ihnen eindeutig, er wird Sie nicht enttäuschen. Nach dem Grundsatz »Das Bessere ist der Feind des Guten« wird er das für Sie Bestgeeignete anbieten: Es wird nicht selten die billigere Sorte sein!

Ist es bei der Unzahl von *Limonaden*, die den heutigen Markt überschwemmen, etwa anders? Und gerade bei ihnen, mit der so häufigen Überzuckerung und den undurchschaubaren Geschmacksstoffen, sollte man doch kritisch sein. Und das erst recht, wenn man an die Mengen denkt, die so manche Tag für Tag zu sich nehmen. Sie brauchen nur die betreffende Flasche vor Ihren Magen und den Energiesensor dazwischenzuhalten, dann wissen Sie Bescheid!

Dazu noch ein Hinweis *zur Menge der Flüssigkeit*. Dieser

Punkt wird im Gegensatz zur Menge der festen Nahrung viel zu wenig beachtet, ja von vielen in seiner Bedeutung überhaupt nicht erkannt. Die Flüssigkeit, die man täglich zu sich nimmt, sollte im richtigen Verhältnis zu dem stehen, was man an festen Stoffen aufnimmt. Wer tagtäglich zuviel trinkt, also Flüssigkeit welcher Art auch immer seinem Körper zuführt, kann gar nicht verhindern, daß sein Organismus langsam aber stetig aus der gesunden harmonischen Mitte seiner Lebenskraft zwischen Spannung (Überspannung) und Lösung oder Entspannung (übermäßige oder Auflösung) herausfällt, hinein in die übermäßige Gelöstheit, was Verlust an Spannkraft bedeutet. Sie aber ist für die Bewältigung unseres Lebens nötig. Hier liegt z. B. eine oft nicht erkannte Ursache für die Problematik vieler Jugendlicher von heute. An anderer Stelle habe ich diesen fundamental wichtigen Zusammenhang dargestellt.[7]

Zu a) bis c): Eine eindeutige Warnung vor einer nicht geringen Gefahr darf ich am Ende dieser Betrachtung nicht unterlassen, die im wesentlichen unserer Ernährung und der wirkungsvollen Hilfe gewidmet ist, die uns der Energiesensor dabei geben kann. »Alles hat seine zwei Seiten« sagt das Sprichwort und »Allzuviel ist ungesund«. Diese vielgebrauchten Worte lassen sich in unserem Zusammenhang auch so verstehen, daß *wir den Gebrauch des Energiesensors im falschen Sinn übertreiben* können. Das ist dann der Fall, wenn jemand in wahrhaft hypochondrischer Weise kaum einen Bissen zu sich zu nehmen wagt, wenn er sich nicht zuvor in seiner Besorgnis, ja Angst, die »Genehmigung« seines Prüfgeräts eingeholt hat. Das kann sowohl die Beschaffenheit oder Zusammensetzung der Nahrung betreffen als auch ihre Menge. Dieser Mensch macht sich nicht nur zu einem Sklaven seiner Nahrung, sondern er verliert auch seine innere Unbefangenheit und verspielt das natürliche Wohlbefinden und die natürliche Kraft seiner Persönlichkeit. Es ist ein sehr gefährlicher Weg, der nur zu leicht in die Selbstzerstörung einmünden kann.

Wer sich darum bemüht, *im Einklang mit sich selbst und seiner Welt zu leben*[8], der kann normalerweise essen, was ihm die Natur im Wechsel der Jahreszeiten zur Verfügung stellt. Bei dem, der das dankbar und freudig genießend zu sich nimmt, sorgen die ungestörten seelischen Kräfte von ganz allein für die ungestörte körperliche Aufnahme und Verarbeitung. Derjenige kann und wird selbstverständlich, wenn ihm ausnahmsweise etwas nicht bekommt oder ein besonderer Grund zum Zweifeln vorliegt, den Energiesensor mit der richtigen Einstellung für sein Bestes zu nutzen wissen. Er ist indessen weit entfernt von einer fast sklavischen Abhängigkeit von diesem Gerät, wenn er es im Fall des Falles sinnvoll einzusetzen versteht. Die Situation ist hier nicht anders als beim praktischen Gebrauch des vielfältig verwendbaren Pendels, den der kluge Mensch auch nicht zu seinem Herrn und Gebieter macht, wie ich in meinem Pendelbuch auch schon deutlich hervorhob.[9] Ich wäre wahrhaftig der letzte, der einen Mißbrauch eines solchen Geschenks, wie es der Energiesensor ist, empfehlen würde.

Verträglichkeit von Medikamenten

Bei den meisten Erkrankungen geht es im Anschluß an die Diagnose um das Problem der besten Therapie und damit auch um *die Auswahl des bestgeeigneten Medikaments*. Arzt und Heilpraktiker befinden sich oft in der gleichen mißlichen Lage wie der Patient, der bei einfacheren gesundheitlichen Schwierigkeiten bemüht ist, sich mit seinen verschiedenen Hausmitteln selbst zu helfen. Es gilt, aus verschiedenen Medikamenten, die für die betreffende Behandlung in Frage kommen, dasjenige auszuwählen, das in Anbetracht aller Umstände die beste Lösung des Problems verspricht. Die »Schema-F-Behandlung« – wie der Volksmund kurz und treffend sagt – muß ihre Tükken haben. Denn das unsichtbare Störungs- oder Erkrankungsbild, das sich hinter dem äußeren Symptom verbirgt, macht bei der unendlichen Vielfältigkeit der menschlichen Individualitäten und Lebensumstände jede Einheitsbehandlung fragwürdig. Was bei der gleich erscheinenden Störung dem einen Patienten die gewünschte Hilfe bringt, braucht es bei einem zweiten noch lange nicht zu tun, ja es kann ihm zuweilen sogar beträchtlich schaden.

In dieser alltäglichen Schwierigkeit erweist sich von ganz besonderer Bedeutung *die große Hilfe, die der Energiesensor leistet*. Da im Strahlungs- oder Schwingungsfeld oder der Aura des Erkrankten alle ihn persönlich berührenden positiven und negativen Momente mitschwingen, gibt es den jeweiligen individuellen Fall mit einer Exaktheit wieder, wie sie auch der modernste Computer nicht bieten kann. Denn der kann nur das verarbeiten, was der menschliche Geist ihm zuvor eingegeben hat. Dieser aber kann die unendlich vielfältigen Vorgänge im menschlichen Unbewußten gar nicht erfassen, die bei einer seelischen oder körperlichen Störung oft die entscheidende Rolle spielen. Das läßt sich heute klar nachweisen. Der Energiesensor reagiert jedoch auf das höchst individuelle Schwingungsfeld des einzelnen Menschen ebenso wie auf die ganz besondere Ausstrahlung des Medikaments in feinsten Schattierungen. Daher seine in ihrem Wert kaum zu übertreffenden Angaben, wenn es um die Ermittlung des in der Tat bestgeeigneten Heilmittels aus verschiedenen Möglichkeiten geht.

Das Vorgehen dabei ist denkbar einfach: genauso wie es im Zusammenhang mit der Prüfung von Nahrungsmitteln im vorigen bereits beschrieben wurde. Am einfachsten ist die Methode, den Sensorkopf über das in die Hand genommene Medikament zu halten, sei es bei sich selbst oder bei einem anderen. Natürlich kann auch das mentale Verfahren angewendet werden. Dabei ist es selbstverständlich, daß alle Hinweise auf die richtige Handhabung zu beachten sind, wie sie bereits aufgezeigt wurden.

Nun muß ich über *ein Erlebnis* berichten, das *uns allen als Warnung dienen und vor vorschnellem Urteil bewahren soll*. Es war noch ziemlich zu Beginn meiner praktischen Arbeit mit dem Energiesensor. Bei einem Seminar führte ich ihn den Teilnehmern in seiner Eigenschaft der Verträglichkeitsprüfung von Medikamenten und Lebensmitteln vor. Eine Dame bat mich, bestimmte Tabletten an ihr zu testen. Ich prüfte die Verträglichkeit in dem üblichen Verfahren *vor dem Magen*, indem ich die Tablettenpackung etwa 15 cm davor und meinen Sensor in die Mitte dazwischen hielt. Ergebnis: Äußerst starkes senkrechtes Auf- und Abschwingen in der Mitte zwischen Körper und Prüfobjekt: schärfste Ablehnung. Da schaute mich die Dame etwas verstört-ungläubig an: »Ich muß diese Tabletten aber täglich und ganz regelmäßig nehmen, sonst halte ich es mit meinem Kreuz gar nicht mehr aus.«

Da bat ich sie, sich umzudrehen, und prüfte dieselben Tabletten nun in der gleichen Weise an ihrem Kreuz, also *am Kreuzbein und den untersten Lendenwirbeln*. Jetzt schlug der Sensor mit derselben Vehemenz, mit der er zuvor Nein gesagt hatte, zu einem stärksten Ja aus, indem er vom Prüfobjekt zum Körper heftig hin- und hersauste. Die Erklärung dafür brachte die Dame selbst: »Ich habe 15 Jahre lang da hinten grauenhafte Schmerzen ertragen, mehrfach wollte ich mich umbringen, und kein Arzt und kein Professor hat mir helfen können. Vor einem Jahr verschrieb mir endlich ein junger Arzt dieses Mittel. Es nimmt mir meine ständigen Schmerzen und hat mich wieder zum Menschen gemacht.« Und jetzt das Entscheidende: »Ich weiß ja, daß mich dieses Medikament wegen seiner starken Nebenwirkungen einige Jahre meines Lebens kosten wird. Die opfere ich aber gerne, wenn ich bis dahin nur ein menschenwürdiges Leben führen kann.«

Fazit: Man sollte ein Medikament möglichst unmittelbar an dem Körperteil oder Organ prüfen, für das es bestimmt ist. Die Prüfung vor dem Magen (wegen der üblichen Einnahme der meisten Medikamente durch den Mund) ergibt die allgemeine Verträglichkeit für den Organismus insgesamt: in unserem Fall scharfe Ablehnung wegen der starken Nebenwirkungen. Die Prüfung an der betroffenen Körperstelle zeigt die lokale Verträglichkeit für das betroffene Organ: in unserem Fall die extreme Zustimmung wegen der äußerst segensreichen örtlichen Wirkung. Diese Erfahrung der vermeintlich widersprüchlichen Aussagen des Schwingpendels habe ich seither immer wieder erlebt. Sie ist von großer Bedeutung. Deshalb empfehle ich seit dieser Zeit immer nachdrücklich, Medikamente möglichst dicht an der betroffenen Körperstelle zu prüfen. *Die zusätzliche Prüfung vor dem Magen* kann uns die Schädlichkeit von Nebenwirkungen aufzeigen. Je stärker der Sensorkopf schwingt, um so stärker sind sie. Der Hinweis, wie bedeutungsvoll das für den Patienten sein kann, bedarf keiner Begründung.

Der Wichtigkeit halber betone ich nochmal ganz bewußt die Tatsache, die gerade beim Einsatz von Medikamenten große Bedeutung hat: Der Energiesensor kann immer nur *die augenblicklich gegebenen Schwingungsverhältnisse*, also den augenblicklichen Zustand erkenntlich machen. Deshalb ist eine häufigere Überprüfung in nicht zu langen Zeitabständen angezeigt. Ferner: Das beste Mittel kann in *Überdosis* zum schlechten, vielleicht zum schlechtesten werden. Ganz besonders gilt dies bei Dauermedikation, also solchen Mitteln, die über längere Zeit hinweg einzunehmen sind. Und das gleiche trifft sinngemäß für *Diäten* zu, die ihrer Natur nach länger oder gar langfristig einzuhalten sind.

Heute wird mit Recht immer wieder auf die kostspielige und unsinnige *Medikamentenverschwendung* hingewiesen. Wie viele Medikamente werden unnötigerweise verordnet! Der Sensor klärt, ob sie nötig sind oder nicht. Und: Wie viele, die der Patient nicht einnimmt, bleiben bei ihm Zuhause im Schrank liegen und vermodern! Braucht er sie später doch: Was liegt da näher, als durch den Sensor die einfache Frage zu klären, ob ein Medikament für einen bestimmten Fall noch brauchbar ist oder ob man es besser entsorgt. Die Verträglichkeitsprüfung beseitigt rasch jede Ungewißheit und jedes unnötige Risiko etwa im Interesse einer falschen Sparsamkeit.

Noch ein Wort an alle die Leser, die verständlicherweise noch immer *ihre Bedenken über die Zuverlässigkeit dieses Prüf-*

geräts haben. Dr. Josef Oberbach, auf den ich schon einleitend wegen seiner besonderen Verdienste als Pionier auf diesem Gebiet hinwies, geht nach langjähriger Erfahrung mit seinem Schwingpendel »Biotensor« so weit, daß er sich ohne Scheu für die absolute Richtigkeit seiner Prüfresultate verbürgt, also dafür, daß es ausnahmslos recht behält. Was er und bis heute viele andere in ungezählten Fällen ermittelten, kann ich nun auch nach gut 20 Jahren eigener Erfahrung mit dem Energiesensor nur bestätigen. Die Schwingpendel aller Art arbeiten ja auf der gleichen biophysikalischen Grundlage.

Zu dem Punkt der oft *frappierenden Treffsicherheit des Energiesensors* möchte ich Sie auffordern, in den eingangs aufgeführten Zeugnissen aus der Lebenspraxis nochmals die Fälle 2 und 7 nachzulesen. Ein Kommentar dazu erübrigt sich.

Es ist mir eine echte Freude und Genugtuung, daß ich in den letzten Jahren von mir völlig unbekannten Menschen eine ganze Reihe von *Dankesbriefen für die Bekanntmachung dieses einfachen Geräts* mit seiner einfachen Handhabung erhalten habe. Von Menschen, die z. B. nach langjährig erlittenen üblen Folgen von Allergien verschiedenster Art durch den Einsatz des Energiesensors die für sie gefährlichen Stoffe fast buchstäblich im Handumdrehen diagnostizieren und sich auf der Stelle davon befreien konnten. Manche schildern in geradezu überschwenglicher Weise ihr Glück über die Befreiung aus lange ertragener Not, aus der sie noch so intensive schulmedizinische Behandlungen nicht erretten konnten. Die treffsichere Verträglichkeitsprüfung durch Schwingpendel ist in der Tat immer wieder ein unglaublicher Segen für jeden, der es erlebt.

Daß der Energiesensor auch bei *der Ermittlung von geopa-*

thischer Gesundheitsgefährdung eine große Hilfe ist, werde ich später noch genauer behandeln.

An dieser Stelle muß ich einem möglicherweise verhängnisvollen Irrtum vorbeugen: *Der Energiesensor kann keinen Arzt- oder Heilpraktikerbesuch überflüssig machen*. Denn Fachwissen und Facherfahrung des guten Mediziners sind unersetzlich. Sie können und sollten jedoch mit Ihrem Arzt oder Heilpraktiker offen über alles sprechen. Jeder für die modernen biologisch-medizinischen Entwicklungen aufgeschlossene und sich seiner Verantwortung für den Patienten bewußte Arzt wird Ihre aktive Mitarbeit an Ihrer Gesundung begrüßen und das um so mehr, als alle Prüfungen und Ergebnisse des Energiesensors reproduzierbar sind. Scheuen Sie sich also nicht, Ihrem Arzt dieses einfache Gerät in seiner Funktion vorzuführen. Es kann gut sein, daß Sie damit indirekt auch anderen Menschen einen höchst wertvollen Dienst erweisen.

Es gibt heute schon eine Reihe von Heilpraktikern, Ärzten und Tierärzten, die nicht nur wie in den eingangs beschriebenen Beispielen mit dem Energiesensor oder einem anderen Schwingpendel arbeiten, sondern die ihn *in vielen Fällen zur Diagnose einsetzen*. So lassen sich über die Körperoberfläche verborgene Störungsquellen im Inneren des Körpers oft rasch und ohne kompliziertes Verfahren ermitteln. Der in dieser Richtung verantwortungsvoll vorgehende Mediziner kann auf diese Weise seinem Patienten und nicht selten auch sich selbst manche teure und umständliche Bemühung ersparen. Das folgende Kapitel gibt eine Einführung dazu. Wer sich systematisch mit dem Schwingpendel auseinandersetzt, wird mit steigender Erfahrung in seinem Vorgehen bald erhebliche Sicherheit gewinnen. *Der medizinische Laie sollte aber auf der Hut sein*: Wie leicht kann er in Überschätzung seines Könnens

Übles anrichten und dabei nicht nur mit seinem Gewissen, sondern auch noch mit dem Gesetz in Konflikt geraten!

Erkennen gesundheitlicher Störungen

Wir befassen uns jetzt mit den Möglichkeiten, wie wir mit Hilfe des Energiesensors *im Inneren des Körpers verborgene Störungsquellen oder Erkrankungen ohne kompliziertes Verfahren zuverlässig ermitteln* können. Die Voraussetzungen dafür haben wir uns bereits erarbeitet, vor allem alle grundsätzlichen Zusammenhänge. Viele spezielle Ausführungen der letzten Kapitel haben analog auch hier ihre Gültigkeit. Zum Beispiel das Erkennen allergischer Reizstoffe, während es jetzt um das Erfassen von prinzipiell wichtigen Erkennungsmöglichkeiten oder Vorgehensweisen geht.

1. Die Feststellung einer gesundheitlichen Störung direkt am Körper

Eine gesundheitliche Störung beruht letztlich auf der Tatsache, daß der beim gesunden Menschen ganz ungehinderte freie Fluß der Lebensenergie in allen Geweben des materiellen Körpers an der gestörten bzw. schon erkrankten Körperstelle behindert ist. Es bildet sich ein Energiestau, um nicht zu sagen in fortgeschrittenem Stadium eine Energieblockierung oder -verkrampfung. Soll der Mensch gesund sein, muß seine Energie fließen können – das ist ein Grundgesetz der energetischen Medizin. Jede Störung des Energieflusses zeigt der Energiesensor unweigerlich an: Je stärker die Störung, um so stärker das Aufschwingen des Sensorkopfes mit der nachfolgenden Linksdrehung. Eine Energiestörung zeichnet sich oft schon deutlich ab, bevor äußerlich erkennbare Krankheitszeichen auftreten. Daher läßt sich in vielen Fällen durch periodische Überprüfung bestimmter Organe deren Erkrankung *schon in der Vorstufe feststellen*, in der die medizinischen Diagnosemöglichkeiten noch keine Störung erkennen lassen würden. Wiederum der einfache Grund: Alles ist schwingende Energie. Der psychisch-energetische Zustand ist das Primäre und nicht der physisch-materielle, eine Tatsache, die uns die Begrenztheit unserer Sinne nur vorenthält. Die Materie ist doch nur eine nachfolgende Erscheinungsform der primär wirkenden Energie, wie die Erkenntnisse der Kernphysik deutlich machen.[10]

Das Verfahren ist einfach: Die linke Hand mit ihrem nervenreichen Gewebe im Handteller und an den Fingerkuppen *dient als Antenne*, als Aufnahmeorgan für die gestörten Schwingungen, die auf die Erkrankung zurückzuführen sind. *Bei der Ermittlung einer punktförmigen Störungsquelle* ist eine der Fingerspitzen zu empfehlen. Ich persönlich verwende meist den Mittelfinger als den längsten aller vier langen Finger. Es kann aber auch jeder andere sein. Die übrigen, dafür nicht benutzten Finger gilt es, in jedem Fall dabei locker (ohne unnötige Verspannung, die den Energiefluß behindern würde) zum Handteller hin zu krümmen, damit sie alle miteinander bei der punktförmigen Prüfung durch die eine Fingerspitze keine unerwünschten Fremdschwingungen aufnehmen können. Sie würden das Ergebnis ganz oder teilweise verfälschen. Die Fingerspitze kann nun ungehindert nahezu punktförmig die Suche nach dem mehr oder weniger exakten Störungspunkt aufnehmen.

Dafür nur zwei Beispiele: Das erste betrifft *Schmerzen an der Wirbelsäule*. Welcher ist der betroffene Wirbel, bzw. wo genau sitzt die betroffene Zwischenwirbel- oder Bandscheibe? Der Prüfende stellt sich mit dem Energiesensor in der rechten Hand hinter die vom Schmerz befallene Person und drückt die Fingerkuppe des langen Fingers der linken Hand sanft zwischen die zwei obersten Wirbel im Nacken. Auch der medizinische Laie kann die Vertiefung zwischen jeweils zwei Wirbeln, genauer zwischen ihren Dornfortsätzen, auf Anhieb spüren. Dreht der Sensorkopf, nach kurzem Auf- und Abschwingen, rechts (im Uhrzeigersinn), ist an der betroffenen Stelle alles in Ordnung. Die Energie fließt hier. Nun geht die Fingerspitze von einer Vertiefung zur anderen, also von einem Wirbelzwischenraum zum nächsten nach unten. Sie verharrt an jedem Punkt so lange, bis sich der Sensor eindeutig in Drehbewegung nach rechts gesetzt hat. Wenn der Sensorkopf auf einmal nach links dreht (entgegen dem Uhrzeigersinn) ist an der Stelle der Energiefluß gestört. Es handelt sich um eine Energieverhärtung oder -blockade, z. B. ein Bandscheibenschaden. Oder bei Fortsetzung des Verfahrens zeigen sich hintereinander zwei betroffene Bandscheiben. In wenigen Minuten können diese bestimmt und dann die notwendigen Maßnahmen ergriffen werden.

Das zweite Beispiel betrifft die Feststellung eines wurzelgeschädigten Zahns. Bei Zahnschmerzen wandert die Fingerspitze – sinngemäß zu verstehen – wie beschrieben vom hintersten Zahn bzw. vom hintersten noch vorhandenen Backenzahn nach vorne. Durch eine nicht zu fleischige Wange hindurch läßt sich das Hervortreten der einzelnen Zähne gut ertasten. Bei jedem gesunden Zahn dreht der Sensor rechts. Geht er dann bei einem nächsten plötzlich in Linksdrehung, dann haben Sie auch hier den »Bösewicht«, etwa mit einem Granulom (Wurzelvereiterung), exakt lokalisiert. Sie wissen genau: Der ist es und keiner seiner Nachbarn.

Mit dieser Methode können Sie *alle Ihnen zugänglichen Organe auf ihren Gesundheitszustand hin überprüfen*.

Es geht dabei immer um die von den Zellen dieses Organs ausgestrahlte Energie. Sie gehen wie beschrieben nach dem mentalen Verfahren vor. Sie fragen entweder bewußt: »In welchem Gesundheitszustand ist dieses Organ, ist die Leber, die Niere ...?« oder Sie beobachten ganz einfach – wie in den beiden Beispielen gezeigt – den Ausschlag des Sensorkopfes. In aller Regel schwingt sich der Sensorkopf senkrecht mehr oder weniger kurz auf und dreht dann ganz klar erkenntlich entweder rechts (Energiefluß oder ausgestrahlte Energie ungestört: gesund) oder links (gestört: nicht in der Ordnung der Natur, geschädigt, krank). Jetzt können Sie, wenn Ihnen das angezeigt erscheint, auf der 100%-Skala der Kenntafel das Maß des Ausschwingens genau ablesen. Besonders für die Feststellung der Intensität der Störung ist das wichtig.

Eine solche Organprüfung setzt selbstverständlich exakte medizinische Kenntnis der genauen Lage der inneren Organe voraus, wobei auch ein gehöriges Maß an Erfahrung nötig ist. Bei weitem nicht jeder Körper ist in allen Details schulbuchmäßig korrekt gewachsen. Hüten Sie sich daher vor laienhaft schneller Feststellung und ziehen Sie lieber einen erfahrenen Arzt oder Heilpraktiker zu Rate.

2. *Vemeintlich in sich widersprüchliche oder unglaubhafte Sensorreaktionen*

Ein Erlebnis, das für sich spricht, hatte eine Frau bei der Prüfung eines Hautöls und einer Creme für ihre Gesichtshaut. Dasselbe Mittel hatte auf der rechten Wange scharfe Ablehnung, auf der linken Wange jedoch starke Zustimmung des Sensors hervorgerufen. Erste Reaktion: Großes Rätsel, da konnte doch etwas nicht stimmen! Bei exakter Nachprüfung stellt sich heraus: Im rechten Oberkiefer sitzen die beiden Backenzähne 5 und 6 im Frühstadium auf Eiter. Eine sofort vorgenommene Wurzelbehandlung behebt die noch nicht bekannt gewesene Gefahr. Nach dieser Behandlung reagieren beide Wangen positiv auf Hautöl und Kosmetikum. – Fazit: Bei auffallend unglaubhaften Prüfergebnissen, die sich auf die Oberfläche des Körpers beziehen, denke man an verfälschende Einwirkungen, die von innerhalb des Körpers herrühren können.

3. *Messung der Lebensenergie*

Das Wichtigste über die fundamental wichtige und dabei zu unserem Schaden oft mißverstandene und vergessene uns zur Verfügung stehende Lebenskraft habe ich im »Großen Pendelbuch« knapp zusammengefaßt (S. 80-82). Über wieviel dieser Kraft verfügt ein Mensch überhaupt von Natur aus, also in seiner ursprünglichen Konstitution, wieviel ist ihm sozusagen schicksalhaft in seine Wiege gelegt? Und über wieviel kann er jeweils auf Grund seiner Lebensgeschichte und seines augenblicklichen Zustandes verfügen? Das sind zwei der wichtigsten Fragen überhaupt.

a) Dies ist analog zum Pendelgebrauch auch *mit dem Energiesensor bei Benutzung der 100%-Kenntafel mit der mentalen Methode* durch die direkte Frage zu klären: »Wenn 100% das absolute Höchstmaß an Lebenskraft darstellt, wie hoch ist bezogen darauf die ursprüngliche durch nichts getrübte, mir in die Wiege gelegte Lebenskraft? Das bitte ich auf der äußeren, von A nach B hinlaufenden Skala anzuzeigen.« (Die durchschnittliche Stärke können Sie bei etwa 65 Prozent ansetzen.) Dann fragen Sie nach der derzeit zur Verfügung stehenden Lebenskraft. Je größer der Unterschied zwischen ursprünglicher und jetzt verfügbarer Lebenskraft ist, um so innerlich unfreier und gehemmter muß der betreffende Mensch sein. Vergessen Sie bei Fragen von derartiger Bedeutung niemals größte Achtsamkeit (siehe das Kapitel »Handhabung des Energiesensors«). Seien Sie ganz »bei sich«, bemühen Sie sich um größte innere Sammlung und üben Sie größtmögliche Selbstkritik!

b) Erinnern Sie sich an den *Eigenvitalitätstest* in dem Kapitel »Praktisches Einarbeiten« (siehe Seite 76). Wenn Sie diesen öfters vornehmen, werden Sie bald das richtige Gefühl für die für Sie richtigen Werte und deren natürliche Schwankungen bekommen.

c) Da die Lebensenergie die ursprüngliche Quelle der *Aura* ist, *also der Ausdehnung und Stärke der Ausstrahlung eines Menschen* und der in ihr sich darstellenden Lebenskraft, können Sie diese ganz einfach messen: Sie brauchen sich ihm nur aus 2-3 m Entfernung ganz langsam zu nähern und den Ort zu markieren, wo die ersten senkrechten Schwingungen einsetzen. Wenn Sie sich hinreichend mit den Chakren beschäftigt haben sollten[11], werden Sie rasch erkennen, wie sich die Energieverdichtung oder -bündelung an diesen Stellen deutlich macht. Diese Erkenntnis ist schon für viele Menschen ein Anstoß für tiefgreifende und höchst fruchtbare Bemühungen um ihre weitere Entwicklung gewesen.

d) Man kann die Stärke der Aura und damit *die Stärke der Lebenskraft auch an der Mitte zwischen den beiden Handflächen, den beiden Handchakren* messen. Halten Sie die Hände etwa ½-1 m vor dem Körper voneinander entfernt. Eine andere, dafür geeignete Person kann nun den Sensorkopf in die Mitte zwischen die beiden Hände halten. Die sogleich einsetzende Schwingungsbewegung zeigt in ihrer ausgreifenden Weite die zu diesem Zeitpunkt vorhandene Lebenskraft an. Bei Vergleichen ist darauf zu achten, daß der Abstand zwischen den Händen immer der gleiche ist, sonst fehlt es an der nötigen Vergleichsgrundlage. Einige Proben werden Ihnen rasch zeigen, bei welcher Entfernung sich die Schwingungsweite am klarsten ablesen läßt, um sie dann mit den anderen Ergebnissen zu vergleichen.

4. *Ermittlung des Spannungszustandes der Lebenskraft oder des Verhältnisses Yin/Yang*

Dieser Zusammenhang, bei dem auch vom Gleichgewicht der Zellenergie gesprochen wird, ist ebenfalls von größter Bedeutung. Ich habe ihm in unserem Buch »Lebenskraft«[12] den grundlegenden 1. Buchteil »Das Prinzip von Spannung und Lösung der Lebenskraft« gewidmet. In Anlehnung an die altchinesische Yin-Yang-Lehre kann *der rhythmische Wechsel von*

Spannung und Lösung, von Yang und Yin nachvollzogen werden, das heißt von der gespannten und der gelösten Kraft, welche unsere Welt beherrschen: Tag und Nacht, Sommer und Winter, Arbeit und Ruhe, Mann und Frau, Himmel und Erde, Wachsen und Welken, Leben und Sterben. Sie stehen in einem ambivalenten Polaritätsverhältnis zueinander, das heißt sie stehen sich als polare Gegensätze gegenüber und ergänzen sich auf der anderen Seite doch erst wechselweise zu einem Ganzen: nämlich zu der ihrem rhythmischen Wechsel unterworfenen Lebenskraft oder -energie, die uns durch das Leben trägt. Und jeder der beiden Spannungszustände hat seine positive (+) und negative (–) Seite.

Hier sehen Sie *die vier prinzipiellen Spannungszustände*:

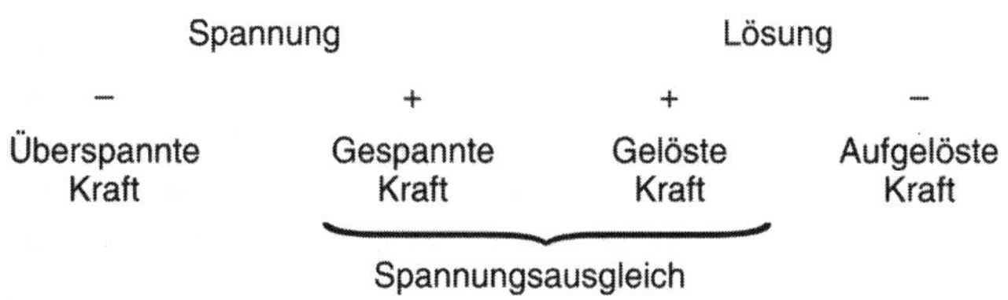

Schon der erste Blick auf diese Stichworte macht klar: *Das erstrebenswerte Ideal*, der für jeden wünschenswerte »Normalfall« kann nur der Spannungsausgleich, *das innere Gleichgewicht der ihn tragenden polaren Energieformen* sein. Nur hier verbinden sich höchste Aktivitätsbereitschaft mit innerer Ruhe. In der Sprache der Yin-Yang-Weisheit formuliert: Die kraftvolle Ruhe von Mutter Erde verbindet sich mit der ruhevollen Kraft von Vater Himmel zur kraftvollen, ausgeglichenen und kerngesunden Persönlichkeit. Denn in der Mitte von Yang und Yin, von Spannung und Lösung, zu sein, bedeutet Gesundheit. Aus der Mitte geraten heißt Krankheit aufgrund überspannter oder aufgelöster Kraft. An der angegebenen Stelle können Sie das in Ruhe und an Hand von Beispielen, von klaren Übersichten mit ihren Folgerungen, die alle für das praktische Leben große Aussagekraft haben, nachlesen.

Das rechte Maß: In der Mitte sein ist für unser Leben in allen seinen Erscheinungsformen und Äußerungen von allergrößter Bedeutung. Leider sind sich die wenigsten Menschen über diese naturgegebenen zwingenden Zusammenhänge im klaren. Nicht ohne Grund sind alle Weisheitslehren der Menschheit zumindest teilweise in den Gedanken des Spannungsausgleichs verankert. In der Mitte sein ist das Grundprinzip unserer Gesundheit überhaupt. Krank sein heißt, die Mitte verloren zu haben. In Anlehnung an die biophysikalische Zellforschung können wir es auch so ausdrücken: Kranksein ist der Verlust des Gleichgewichts der Zellenergie durch einseitige Polung.

Wie ermitteln Sie nun den inneren Spannungszustand der Lebensenergie bzw. das Verhältnis Yin-Yang? Betrachten Sie Ihre 100%-Kenntafel. Denken Sie sich an der linken Seite bei A das Wort YANG oder Spannung (bis Überspannung) und gegenüber auf der rechten Seite bei B das Wort YIN oder Lösung (bis Auflösung). Dann fragen Sie im Sinne der mentalen Arbeitsmethode in höchster innerer Sammlung: »Ich bitte um Auskunft: In welchem Spannungszustand befindet sich derzeit die Lebensenergie von X, wenn wir die normalen Alltagsschwankungen auf einen Nenner zurückführen oder von ihrem Durchschnittsniveau her betrachten: Befindet sie sich mehr auf der linken Seite A = Spannung oder Yang – oder mehr auf der rechten

Seite B = Lösung oder Yin? Das bitte ich anzuzeigen.« Ihr Sensorkopf schwingt sich nach kurzer Zeit eindeutig nach links, zu A hin, zu Yang ein. Das bedeutet: X befindet sich auf der Spannung-Lösung-Skala seiner inneren Kraft auf Seiten der Spannung. – Jetzt folgt die zweite Frage: »Wieviel Prozent befindet er sich auf der Seite der Spannung, bezogen auf die 100% der totalen Überspannung, die gleichzusetzen ist mit der absoluten Lebensunfähigkeit, also mit dem Tod?« Der Sensorkopf mag nun auf jede Zahl einschwenken, in aller Regel mehr in den unteren Bereich und nur ganz selten in die zweite Hälfte hinein.

Bemerkung zum Vorgehen: Haben Sie beobachtet, daß es bei dieser Anwendung des A-B-Schemas klüger, weil klarer, ist, die zwei Fragen hintereinander zu stellen? Begründung: Es gibt hier im Gegensatz zu der Tafel im Pendelbuch keine die beiden Seiten Yang oder Yin trennende Mittellinie. Sollte der Sensorkopf, was manchmal vorkommt, genau den Ausgleich von Yang und Yin, von Spannung und Lösung, anzeigen wollen, dann wird er auf die beiden Zahlen 50 hindeuten, also auf jene goldene Mitte zwischen den beiden Gegenpolen.

Nun noch die bewährten Richtwerte für die Anzeige des Sensorkopfes: Wenn die Lebensunfähigkeit = Tod bei 100% liegt,

- beginnt auf beiden Seiten die schwere, bedrohliche Erkrankung bei etwa 40%
- liegt die äußerste Grenze der »Gesundheit« vom Nullpunkt weg bei etwa 25%.

Begründung und Einzelheiten dazu siehe »Das große Pendelbuch«.

5. *Feststellung des pH-Wertes*

Ziehen Sie diesen *wichtigen Kontrollwert Ihrer Gesundheit* öfter zu Rate. So können Sie frühzeitig eine Fehlentwicklung erkennen, der sich dann noch rechtzeitig begegnen läßt. Der pH-Wert zeigt den Säureanteil im Zellwasser an. Für die richtige Auswahl der Lebensmittel ist er im allgemeinen auf einfache und nachhaltige Art zu beeinflussen. Die Nahrung wird um so verträglicher und gesünder, je mehr sie auch reich an Basen ist, und um so gefährlicher für die Gesundheit, je säurehaltiger sie ist. Wir können den pH-Wert auch als die Maßzahl für die elektrische Energie bezeichnen, die alles zusammenhält. Denn alles ist plus- oder minuspolig, und das bestimmt hochgradig unser Dasein.

Gemessen wird der pH-Wert auf einer Skala von 0-14: 0-6 ist der Säurebereich (pluspolig, rechtsdrehend), 7 der erstrebenswerte und gesunde neutrale Mittelwert, 8-14 der alkalische oder basische Bereich (minuspolig, linksdrehend). Die pluspolige Säureseite spiegelt Anregung wider, also Aktivität, Aggressivität bis zu Verwirrung, die minuspolige alkalische Seite hingegen Abwehr, also Inaktivität, Müdigkeit, Unentschlossenheit, während bei der neutralen 7 Ausgeglichenheit und Mäßigung vorherrschen. Je weiter die Entfernung von der erstrebenswerten Mitte ist, um so mehr kommen die Übersteigerungen zum Tragen, die wir wertmäßig als negativ empfinden.

Den pH-Wert ermitteln Sie auf einfache Weise mit Ihrem Energiesensor auf der 100%-Kenntafel. Sie brauchen dazu nur die Werte von 0-14 sinngemäß auf die 100%-Skala zu übertragen. Das ergibt folgende Werte

- zum Ablesen:

0	8	15	22	29	36	43	50	57	64	71	78	85	92	100
=pH-Wert:														
0	1	2	3	4	5	6	7	8	9	10	11	12	13	14

Wenn Sie öfter oder als Therapeut ständig mit dem pH-Wert zu tun haben, können Sie ihn in seiner üblichen Numerierung von 0-14 zum direkten Ablesen auf Ihrer 100%-Skala bei den angegebenen Zahlen ein für allemal eintragen. – Für viele Menschen ist es übrigens ratsam, die Messung möglichst auf einem strahlungsfreien Platz vorzunehmen, um ein wirklich sicheres Ergebnis zu erhalten.

Sie können das Resultat Ihrer Messung auch leicht auf seine Richtigkeit hin überprüfen. Dazu brauchen Sie eine saure und eine basische *Kontrollsubstanz*, die Sie immer wieder verwenden können. Als saure Lösung eignet sich Essig, als basische eine normale Natronlauge. Hat die mentale Überprüfung mit dem Sensor einen Säureüberschuß bei der fraglichen Person ergeben, also ein Ergebnis zwischen 0 und 7 (was bei der heutigen Ernährung häufig der Fall ist), dann prüfen Sie mit dem Ihnen nun geläufigen Verträglichkeitstest den Essig an derselben Person. Die Reaktion muß jetzt negativ, also Ablehnung sein. Denn die Ihnen noch von der Schule her bekannte Gesetzlichkeit gilt auch hier: Gleichnamige Pole stoßen sich ab, ungleichnamige ziehen sich an. Sinngemäß gilt natürlich das Umgekehrte bei Basenüberschuß. Dann haben Sie die sichere Gewähr des richtigen Ergebnisses. – Analog zu diesem Beispiel lassen sich auch für andere Überprüfungen mit Kontrollsubstanzen zweifelsfreie Ergebnisse erzielen.

6. Feststellung der Luftionisierung in einem Raum

Nach vielen Veröffentlichungen darüber brauche ich über das Problem der Luftionisierung hier nicht viele Worte zu machen. Im Gebirge, an der See, nach einem »erfrischenden« Sommergewitter fühlen wir uns alle besonders gut. Da ist die Luft reich an negativen Ionen. Und der Mangel daran ist heute im Zeichen der künstlichen Klimatisierung von Büros und auch Wohnungen ein echtes Problem vor allem für die Menschen, die Tag für Tag darin arbeiten und leben müssen, denn die Luft ist hier über Gebühr reich an positiven Ionen. Ein mindestens ausgeglichenes Verhältnis, noch besser ein Überwiegen an negativen Ionen, ist entschieden vorzuziehen.

Das Verfahren zur Klärung der Situation in einem Raum ist denkbar einfach. Sie halten Ihre linke Hand mit der locker geöffneten Handfläche (Handchakra) in den Raum hinein und fragen nach der mentalen Methode in voller innerer Sammlung: »Überwiegen in der Luft dieses Raumes die positiven oder die negativen Ionen? Bei Überwiegen der positiven Ionen bitte rechts, bei Überwiegen der Minusionen links drehen, bei ausgeglichenem Verhältnis bitte ich um abwechselnde Links- und Rechtsdrehung.« Anschließend fragen Sie auf der 100%-Kenntafel: »Ich bitte auf der Skala der Kenntafel anzuzeigen, wie vielfach die positiven Ionen (bzw. die negativen) überwiegen, wobei ich die Zehnerzahlen als Einerzahl zu nehmen bitte, also 10 bedeutet 1, 20 bedeutet 2 usw.«

Noch einfacher ist die *mentale Gesamtfrage auf der Kenntafel* im Sinne des A-B-Schemas, wobei Sie wiederum Ihre linke Hand wie eben beschrieben in den Raum halten: »Ich bitte das Verteilungsverhältnis der in der Luft enthaltenen Ionen in diesem Raum anzuzeigen, der positiven Ionen = A im Verhältnis zu den negativen Ionen = B.« Sie erinnern sich an die Grundregel bei diesem Verfahren, die auch hier gilt: Der überwiegende Teil ist immer in der angezeigten Richtung ablesbar, der verbleibende Rest gilt für die Gegenseite. Schwingt der Sensorkopf also in Richtung B auf die 60 am äußeren Kreis, dann gelten die 40 für die Gegenseite. Das Verhältnis 60:40 gilt also hier für das Vorherrschen der negativen Ionen.

7. Feststellung von heilsamer oder schädlicher Wirkung feinstofflicher Strahlungen

Gelegentlich sind Veröffentlichungen darüber so verwirrend formuliert oder auch so »verwissenschaftlicht«, daß sich der zugrundeliegende, im Kern einfache Sachverhalt reichlich vernebelt. Worauf kommt es dem durchschnittlichen Anwender an? Er möchte wissen, ob eine feinstoffliche Strahlung von Nutzen oder Schaden ist und wie er diese Kenntnis gewinnen kann. Das gilt für die Vielfalt aller möglichen Schwingungen, in die wir Menschen von heute eingehüllt sind, und das zumeist, ohne es zu wissen. Ich muß nur an das Wort Elektronik und an die damit einhergehende Unzahl feinstofflicher Energien und Ausstrahlungen erinnern. Nach allem, was Sie bis jetzt in diesem Buch erfahren haben, dürfte Ihnen klar sein, daß die 100%-Skala der Kenntafel dabei eine große Hilfe ist, weil sie eine ebenso einfache wie klare Antwort geben kann. Die Voraussetzung dafür ist immer nur *der eindeutig klare Bezugspunkt für die 100%*, z. B. das theoretisch denkbare Höchstmaß an Vorteil oder Nutzen, an Nachteil oder Schaden, das etwa bei Beginn der Lebensunfähigkeit oder bei Beginn einer schweren lebensbedrohenden Erkrankung gegeben ist, oder auf der anderen Seite der Zustand einer vollen, durch nichts getrübten Gesundheit. Mit einiger Phantasie können Sie auch einen ganz bestimmten Zeitpunkt (damals war der Zustand soundso, jetzt ...) oder klare Ereignisse und Entwicklungen zum Vergleich heranziehen. Das einzig Wichtige ist die eindeutige Klarheit.

8. Feststellung von radioaktiver Belastung

Auch bei diesem für uns alle immer wichtiger, weil immer bedrohlicher werdenden Sachverhalt fasse ich hier nur das Wichtigste für unseren Lebensalltag aus diesem seiner Natur nach so unübersichtlichen Gebiet kurz zusammen. Die einfach zu überschauende Radioaktivität kann es nicht geben, weil es eine Reihe von radioaktiven Strahlungsarten mit verschiedenartigen Strahlungssubstanzen mit radikal verschiedenen Zerfallszeiten der Isotope gibt, mit verschiedenen Aufnahmewerten des menschlichen Körpers und seiner einzelnen Organe. Es kann also sichere und allgemeingültige Meßwerte gar nicht geben. Das einzig Wesentliche: Jede radioaktive Strahlungsaufnahme bewirkt definitiv eine Schädigung der menschlichen Zelle und ihrer Funktionen. Die Wirkung ist einer Vergiftung ähnlich.

Nun braucht der menschliche Körper für die einwandfreie Funktion aller seiner Teile und Organe *ein ganz geringes Maß an Radioaktivität*. Setzen Sie dieses gesunde Maß gleich mit dem Wert 1. Sie brauchen sich nur zu merken, daß *die zehn- bis äußerstenfalls dreißigfache Menge dieser »gesunden« Menge* unseren Organismus schädigt – je nach der Einschätzung der einzelnen Fachleute und je nach der persönlichen Sensibilität der Betroffenen. Wenn Sie das in Erinnerung behalten und im Ernstfall beherzigen, werden Sie die verwirrenden Aussagen von echten und vermeintlichen Fachleuten nicht mehr verunsichern.

Dazu das Erlebnis einer befreundeten Familie, das ganz für sich spricht. Es kann uns allen als dringend notwendige Warnung dienen, wie weit wir schon heute in unserem »harmlosen« Alltag durchaus schwerer Gefährdung preisgegeben sind. Auch kann von Panikmache keine Rede sein, sondern schlicht von nüchterner Realität: Eine Hausfrau kaufte seit langem wegen ihres hohen Vitamin-C-Gehalts Kiwis. Eines Tages wurde ihr nach dem Genuß übel; dazu kamen schlimme Kopf- und Bauchschmerzen sowie ausgeprägte Schwindel- und Schwächegefühle, die einen Tag lang anhielten. Der Ehemann dagegen hatte keinerlei Beschwerden. Die Pendelbefragung ergab als Ursache der Symptome die Kiwis und deren 16fache Menge des gesunden Maßes an Radioaktivität. Für die hochsensible Frau war das schon ganz entschieden zuviel, während der robustere Mann dies ohne jede Nachwirkung verkraftete. Es stellte sich heraus, daß diese Kiwis neuseeländischen Ursprungs waren, vor denen gelegentlich in der Presse gewarnt wird wegen ihrer hohen radioaktiven Bestrahlungsdosis (Haltbarmachung!), während die aus Israel importierten bis heute immer einwandfrei waren.

Hinweis: Das Erkennen gesundheitlicher Störungen auf indirekte Art, nämlich *an Hand der bildlichen Wiedergabe des Körpers*, behandle ich wegen seiner weitergreifenden Bedeutung in einem eigenen, dem folgenden Kapitel.

9. Arbeiten mit Abbildungen und anderen Druckerzeugnissen

Dieses Kapitel hat für die Praxis des Pendlers und Schwingpendlers *eine ganz besondere Bedeutung*, weil es uns Möglichkeiten eröffnet, die unser Intellekt zunächst für unmöglich hält oder als Verrücktheit bezeichnet. Dabei wird seit Jahrzehnten, ja seit Anbeginn der Radiästhesie in vielen Fällen damit gearbeitet und das mit zweifelsfrei treffsicherem Ergebnis. Zur Einleitung schlage ich Ihnen ein Experiment oder besser gesagt eine Erfahrung, die ich Ihnen vermitteln möchte, vor. Daher bitte ich Sie, *dieses Experiment sogleich selbst nachzuvollziehen*.

Betrachten Sie die beiden nebeneinander befindlichen menschlichen Figuren auf der folgenden Seite und halten Sie Ihren Energiesensor in senkrechter Haltung, den Sensorkopf nach unten gerichtet, genau in die Mitte des Bildes zwischen die beiden Unterarme. Jetzt stellen Sie sich mental ganz auf eine bestimmte Person aus Ihrem Bekanntenkreis ein, von der Sie wissen, daß sie ein echtes gesundheitliches Problem hat. Es folgt Ihre Frage: »Wo, an welcher Körperstelle hat Herr X das ihn am meisten beschäftigende körperliche Problem?« oder »Wo hat Frau Y in Ihrem Körper die Schmerzen, die ihr am meisten zu schaffen machen? Diese Stelle bitte ich auf einem der beiden Bilder anzuzeigen.« Der Sensorkopf wird kurz hin- und herschwingen und dann deutlich auf eine bestimmte Körperstelle hinschwingen; zum Beispiel auf das Kreuz (Bild Körperrückseite), auf die Knie (dabei kann es sein, daß er immer wieder von den Knien des einen Bildes zu denen des anderen hin- und herwandert) oder etwa auf eine der weiblichen Brüste (Körpervorderseite).

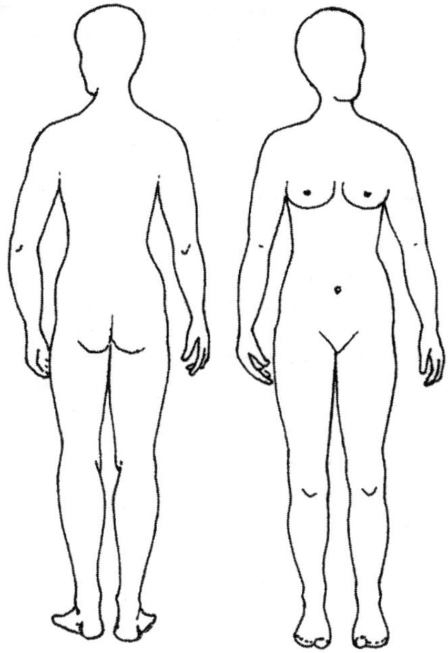

Nun wird es öfter vorkommen, *daß der Winkel*, in dem der Sensorkopf schwingt, zur Längsachse der beiden Figuren zu *spitz wird*. Wenn Sie die angezeigte Körperstelle deshalb nicht mehr klar erkennen können, wenn er zum Beispiel in Richtung Nacken-Hinterkopf (Körperrückseite) hinaufschwingt, setzen Sie den Sensorkopf nochmals in Schulter- oder Kopfhöhe zwischen den beiden Figuren an und wiederholen die Bitte um genaue Anzeige. So können Sie deutlich die aus dem neuen Blickwinkel nochmals angezeigte Stelle ausmachen, zum Beispiel präzise im obersten rechten Schulterbereich dicht am Nacken.

Betreiben Sie dieses sehr ernste »Spiel« vielleicht auch mit sich selbst und mehrfach *mit verschiedenen anderen Personen*. Wählen Sie dabei solche, von denen Sie nicht wissen, welche Beschwerden diese genau haben. Dann können Sie sich hinterher auf die gebührend dezente Weise versichern, daß Ihnen der Sensorkopf die richtigen Körperstellen gezeigt hat. Was erleben Sie dabei? Sie erleben, wie die Zeichnung den lebendigen Menschen repräsentiert, ihn gewissermaßen voll und ganz ersetzt. Wie ist das möglich? Weil Sie diesen Menschen mit Ihrer vollen mentalen Sammlung auf seine ausgeprägte Individualität – so wie er ist, nicht einen Deut anders – in das Bild hineingestellt haben, ihn dem Bild sozusagen aufgeprägt haben. Da ist er nun in der Fülle seiner bioenergetischen Schwingungen und Ausstrahlungen seines biologischen elektromagnetischen Kraftfeldes. Könnte man eine andere Erklärung dafür finden?

Jetzt gehen Sie bitte noch einen Schritt weiter: *Prägen Sie nun die spezifischen Schwingungen eines Menschen auf eine Seite eines* bisher noch nicht benutzten *Schreibpapiers auf.* Noch nicht benutzt deshalb, weil es so frei von Fremdschwingungen sein muß wie nur möglich. Um sicher zu gehen, fragen Sie Ihren Sensor nach den Fremdschwingungen des Papierblattes. Knicken Sie das querliegende DIN A4-Blatt in der Mitte durch und bitten Sie Ihre Versuchsperson, sie möge ihre rechte Hand für maximal eine Viertelminute flach auf die rechte Hälfte, dann ihre linke Hand ebenso auf die linke Hälfte auflegen. Im Anschluß plazieren Sie den senkrecht nach unten gehaltenen Sensorkopf in die Mitte der rechten Blatthälfte: Er wird sich hochschwingen und nach rechts drehen. Halten Sie nun den Sensorkopf in die Mitte der linken Blatthälfte: Er wird sogleich links drehen. Der Grund für diese

Reaktion ist ein einfaches Naturgesetz: Die rechte Hand ist positiv, die linke negativ gepolt. Die Polung hat sich in den paar Sekunden des Auflegens dem Papier aufgeprägt.

Aber nicht nur sie. Fragen Sie den Energiesensor im gleichen Verfahren, indem Sie ihn über eine beliebige der beiden Blatthälften halten. *»Ist dieser Mensch völlig gesund*, ja oder nein?« Ist er völlig gesund, wird der Sensorkopf auf und ab auf Sie zuschwingen (in den meisten Fällen, so auch bei mir, gemäß der ursprünglichen »Vereinbarung«, siehe Seite 62). Ist er nicht gesund, wird er quer vor Ihrem Körper hin- und herschwingen. Entweder können Sie jetzt der Reihe nach abfragen, zum Beispiel: Sind Herz/Kreislauf, Knochen/Gelenke, Lunge/Atmung, der Verdauungsapparat usw. gesund?« Der Sensorkopf wird Ihnen das oder die gestörten Organe prompt anzeigen.[13] Oder Sie bitten den Sensorkopf, er möge auf der skizzierten menschlichen Figur auf die Körperstelle deuten, wo sich die Störung befindet. (Später, im Zusammenhang mit der geopathischen Belastung, wird Ihnen dieses so einfache und ergiebige Verfahren noch einmal begegnen.) Grund: Der ganze Mensch ist mit seinem biologischen mikroelektrischen Kraftfeld selbst im kleinsten seiner Körperteile oder -organe ganz enthalten.

Machen wir einen kurzen Ausflug in unseren Alltag. Sie sehen in einer Zeitung oder Zeitschrift zum Beispiel ein Bild von Stalin oder Hitler: Was bewirkt es spontan bei Ihnen? Bleiben wir beim bloßen Bild von weniger spektakulären Gestalten, von einem x-beliebigen Staatsmann oder einem Politiker von heute, einer Sportlerin, einem Boxer, oder Sie sehen das Bild einer erhebenden oder abstoßenden Szene: Ist nicht, wenn sich in der Abbildung der Sinn des Ganzen ergibt, auf der Stelle dieser Sinn vollständig gegenwärtig? Schwingt er nicht offenbar ähnlich lebendig wie im originalen Geschehen? Warum hat das Bild des oder der Geliebten, ein Amulett, ein von den Vorfahren über Generationen weitervererbtes Schmuckstück für viele Menschen *eine starke, ihr Gemüt in Bewegung bringende Wirkung*? Warum wurden und werden die Menschen zu allen Zeiten innerlich gepackt von magischen Beschwörungen, von Einsegnungen und Initiationen verschiedenster Art, von religiösen Kulten und rituellen Handlungen mit ihren die Sinne und Gefühle ansprechenden feierlichen Abläufen? Ich denke zum Beispiel an Autoritätsgestalten wie Medizinmänner und Schamanen, Häuptlinge und Stammesfürsten, Kaiser und Könige bis zu Feldherren, Päpsten und Bischöfen mit all der Symbolpracht, die sie umgibt. Sie heben sich durch ihr äußeres Erscheinungsbild und die Umgangsformen ihnen gegenüber von einfachen Menschen ab.

Ein anderer Fall: Auch ich habe vor Jahrzehnten noch über Berichte gelacht, daß etwa schwäbische Frauen eine Stunde lang mit dem Kochlöffel *heilende Energie in einen Topf Wasser hineinrühren*, um dem kranken Kind damit Stärkung und Hilfe zu vermitteln. Dieses Lachen habe ich mir längst abgewöhnt, seitdem ich radiästhetisch beweisen kann, daß Wasser sehr wohl Energie und alle möglichen Schwingungen aufnehmen kann. Sie brauchen Wasser nur einige Zeit starkem Elektrosmog oder einer stärkeren geopathischen Belastung auszusetzen (darüber später), und Sie haben dieses Wasser so »vergiftet«, daß Sie damit Blumen und Gewächse aller Art zum Sterben bringen können.

Was hat das alles mit unserem Problem zu tun? Bedenken Sie es in aller Ruhe! Ist der Gedanke etwa zu weit hergeholt, daß auch in allen diesen Fällen *die Aktivierung der mikroener-*

getischen biologischen Prozesse in unseren Sinnen und den verborgenen Quellen unseres unbewußten Lebens – die noch vor kurzem so unergründlich erschienen – eine entscheidende Rolle spielt? Wie sonst könnten wir diese Mobilisierung der tiefverwurzelten Gefühlskräfte des Menschen verstehen oder erklären nach allem, was uns die hier zuständigen Wissenschaften in den letzten Jahren an klaren Erkenntnissen vermittelt haben? Uns durchschnittlichen Menschen, die wir nicht dauernd mit dieser verborgenen Problematik umgehen, die wir alle noch mehr oder weniger stark verankert sind im materiegebundenen Weltbild der sogenannten »Natur«-wissenschaft von gestern, erscheint das alles auf Anhieb so fremd und phantastisch, daß wir uns damit erst gar nicht genauer befassen.

Doch von diesem wichtigen Ausflug zurück zu unserem unmittelbaren Problem *des energetischen Niederschlags* – um es so auszudrücken – *auf Papier*: Es handelt sich um Aufprägungen bioelektrischer Vorgänge auf Zeichnungen oder Skizzen, um Fotos oder Fotokopien, auch in der Massenwiedergabe um Druckererzeugnisse vielfältiger Art (auch von schlechter technischer Qualität) oder speziell um Pläne, Karten oder Grundrisse. Von Ihnen wird im folgenden Kapitel noch die Rede sein. Es ist nicht anders beim Einfließen dieser feinststofflichen Energien in die persönliche Handschrift. Wir erzeugen sie ja mit den höchstindividuell-spezifischen Muskelbewegungen unserer Hand: Bei einer Million Menschen ist sie eine Million Mal verschieden!

Weniger problematisch erscheint, daß sich *die Ausstrahlung oder Aura eines Menschen auf alles überträgt, womit dieser dauernd in engere Berührung kommt*, wie seine Kleider oder sein Tascheninhalt, sonstige höchstpersönliche Gegenstände, ganz zu schweigen von einem Tropfen seines Blutes, einem Fingernagel oder selbst einem Haar. Im kleinsten Detail ist genetisch der ganze Mensch enthalten: Das ist heute unbestritten. Seit Jahrzehnten wissen die alten, erfahrenen Radiästhesisten, besonders die medizinisch tätigen, daß in allen diesen Dingen dieselben höchstindividuellen Schwingungen vorhanden sind und genauso »abgerufen« werden können wie beim leibhaftig anwesenden Menschen. Es ist nicht anders als in all den Wiedergaben des Originals, die in Schrift oder Bild festgehalten sind. Das bezieht sich sowohl auf die Qualität im Sinn von Schwingungsweite oder Frequenz als auch auf die Quantität im Sinne der Intensität der Strahlung des zugrundeliegenden, biologischen elektromagnetischen Kraftfeldes.

So geht für den Betrachter der Wesensgehalt des Dargestellten bei genauem Ansehen unverwechselbar *in seine bildliche Darstellung ein*. Daher ist im Judentum und im Islam – da als Blasphemie empfunden – die bildliche Wiedergabe von Gott absolut verpönt. Bei den orthodoxen Juden, bei verschiedenen Naturvölkern und gelegentlich bei noch ganz ursprünglichen Menschen vor allem im islamischen Bereich führt noch heute der Versuch, einheimische Personen zu fotografieren, zu strikter Weigerung und Abwehr, ja geradezu zu Entsetzen und oft zu überstürzter Flucht. *Dort weiß man noch intuitiv, daß man sich mit der bildlichen Wiedergabe in die Hand von anderen Leuten begibt*, daß man ein gehöriges Stück der eigenen Wesenheit preisgibt. Die Betrachter bekommen eine gewisse Macht über einen, weil man durch das Abbilden gleichsam seine Seele verliert. Ich bedaure im stillen all die Menschen, deren Konterfei dauernd in den Medien erscheint, im Hinblick darauf, was auf der Ebene der Energieschwingungen mit diesen Bildern alles passiert oder passieren kann. Bemächtigt sich der

Betrachter doch mit seiner Abbildung in gewissem Sinn des abgebildeten Menschen – oder gar »Gottes« –, so daß man ihn sich gefügig machen kann. Und das ist ein unerträglicher Gedanke!

Noch ausgeprägter sind diese Zusammenhänge im *Voodookult von afrikanischen und südamerikanischen Stämmen, wo eine bildliche Wiedergabe* oder eine Puppe *als unverfälschte Stellvertretung des dargestellten Menschen* oder von anderen Wesen dient. Auf die üblen Techniken, mit Hilfe eines solchen Bildes einem anderen Menschen Schaden zuzufügen, will ich hier nicht eingehen, sondern nur auf die Tatsache als solche und auf ihre Wirksamkeit verweisen, die wiederum die Wirksamkeit dessen bestätigt, wovon in diesem Kapitel die Rede ist.

Am Ende dieses Kapitels möchte ich noch ein heute vielfach gebrauchtes Schlagwort aufgreifen: *die Information*. Hier ist es offensichtlich, *daß jede Wiedergabe die Schwingung des Originals in sich trägt*. Jedes Wort – geschrieben, gedruckt, gesprochen oder auf der Radio-, Fernseh- oder Funkwelle durch die Luft eilend – führt seinen besonderen, rein geistigen, materiefreien Informationsinhalt mit sich. Diese inhaltlich-geistige Information ist mit ihrer feinststofflichen Ausstrahlung, die ihr immer innewohnt, stets abrufbereit und gegenwärtig. Unsere Einstellung in ungetrübter Sammlung auf die Abbildung bewirkt die Resonanz mit ihr, die die Reaktion des Energiesensors für unser Auge sichtbar macht. Auch diese Überlegung macht uns deutlich, daß kein Unterschied bestehen kann zwischen Original und Kopie.

Oder: Betrachten Sie einen Stein, zum Beispiel einen Bergkristall oder ein einfaches Stück Granit: Auch sie tragen ihre in manchen Fällen heilbringenden Ausstrahlungen als rein geistige Information in sich, die wir jederzeit abrufen können: ob vom materiellen Original oder von der ebenso materiellen Fotografie. Wo ist der Unterschied?

Dazu kommt – was ich vorhin schon einmal betonte –, daß in jedem kleinsten Detail, *in jedem kleinsten Stückchen eines Ganzen eben dieses Ganze enthalten ist*. Ein Tropfen Blut, ein Stückchen Haut oder Fingernagel, ein Zahn oder ein Haar – bei Mensch, Tier oder Materie. Immer liegt die Information des Ganzen im noch so kleinen Teil vor uns. Wir empfinden es normalerweise nur nicht. Die Fachleute der Kriminologie, der Entdeckung von Verbrechen verpflichtet, wissen dies heute und überführen den Verbrecher mit dem sogenannten »genetischen Fingerabdruck« ohne einen Rest von Zweifel. Der mit dem Schwingpendel arbeitende Tester macht nun nichts anderes, als sich in Resonanz zu bringen mit dem jeweiligen Informationsträger als dem äußerlich übergeordneten Ganzen, das heißt wiederum nur mit dessen ganz spezifischen Schwingungen, die doch im kleinsten Detail so lebendig sind wie in seinem Ganzen, beim Menschen in seiner ganzen Persönlichkeit.

Wenn Sie sich den Inhalt dieses Kapitels erarbeitet haben, dann können Sie getrost mit allen Ihnen geläufigen Einsatzmöglichkeiten des Schwingpendels/Energiesensors (ebenso wie mit dem traditionellen Pendel):

1. alle eben beschriebenen Körperpartikel und -partikelchen ebenso wie engst mit dem Körper verbundene Gegenstände wie Kleider, Schmuck, Tascheninhalt usw. so einsetzen, als wären sie der vollständige, zur Debatte stehende Organismus, und

2. alle Abbildungen eines Körpers wie Fotos, Zeichnungen, Fotokopien, auch alle gedruckten Wiedergaben usw. so einsetzen, als wären sie der betroffene Organismus im Original.

Der Vorteil dieses Verfahrens ist, daß Sie ganz für sich, frei von jeder Beeinflussung und zu jeder Zeit Ihre Arbeit bewältigen können.

Ich kann mir vorstellen, daß *mancher Leser Schwierigkeiten hat, das gedanklich anzunehmen*, was ich in diesem Kapitel darlegte. Wem es so gehen sollte, der möge diese Ausführungen zunächst ausklammern und auf sich beruhen lassen. Er möge mit dem Schwingpendel/Energiesensor arbeiten und sich Stück für Stück die verschiedenartigen Anwendungen zu eigen machen: die bisher schon dargelegten und die der noch folgenden zwei Hauptkapitel. Wenn er das in dem beschriebenen Sinne tut, so habe ich kaum einen Zweifel, daß auch er bei einer späteren Lektüre keine Schwierigkeiten mehr mit dem Inhalt dieses Kapitels haben wird. Denn bekanntlich ist nichts so überzeugend wie der Erfolg: *die Bestätigung abstrakter Überlegungen in der konkreten Welt der Dinge und Tatsachen*.

Klärung wichtiger Beziehungen

Im vorigen Kapitel habe ich die grundsätzlich wichtigen Beziehungen zwischen dem Menschen und seiner bildlichen Darstellung aufgewiesen. Das geschah dort im Zusammenhang mit der Erkennung von gesundheitlichen Störungen. Aber nicht nur im Kontext Gesundheit sind diese Beziehungen oft von entscheidender Bedeutung, sondern auch darüber hinaus bei vielen Anwendungen des Energiesensors, wobei sie zunächst außerordentlich überraschende Ergebnisse ermöglichen. Ich darf nun die Kenntnis der Beziehungen zwischen dem Menschen und seiner bildlichen Darstellung als bekannt voraussetzen, ohne bei jeder praktischen Anwendung des Energiesensors darauf hinzuweisen.

Während uns im letzten Kapitel die segensreiche Hilfe des Energiesensors für die Gesunderhaltung unseres Körpers vor Augen geführt wurde, *geht es in diesem und den folgenden Kapiteln hauptsächlich um die seelisch-geistige Seite unserer Existenz*. Sie werden bald sehen, welch große Hilfe dieses Instrument für jeden Suchenden darstellt: Wie es uns viele Umwege ersparen und uns vor dem vergeblichen Einsatz von oft ganz beträchtlichen Energiekräften bewahren kann, die wir dann für wirklich sinnreiche und wertvolle Bemühungen zur Verfügung haben.

Innere Beziehung zu geistigen Werten

Wie oft stehen Sie zum Beispiel vor der Frage, ob Sie dieses oder jenes Buch kaufen oder, wenn es Ihnen geschenkt wurde, auch lesen sollten. Wenn Sie kritisch genug sind, überlegen Sie sich *rechtzeitig den Aufwand an Zeit und geistiger Bemühung und prüfen*, ob er sich dafür auch lohnen würde, sei es für Ihre verstandesmäßig-geistige oder für Ihre innere Fortentwicklung als Persönlichkeit. Und das gilt nicht nur für ein Buch, sondern genauso

- für gewisse Teile oder ein bestimmtes Kapitel eines umfangreichen Buches oder sonstigen Lehr- oder Bildungsmittels,
- für Schallplatten, CDs, Kassetten oder Videos bildender oder unterhaltender Art, die Ihnen angeboten werden,
- für den Besuch von Lehrgängen, Kursen, Seminaren oder Veranstaltungen aller Art, die für Sie interessant oder wertvoll sein können oder auch nicht,
- für Anzeigen von Vorträgen, Filmen oder Ausstellungen, die Ihnen heute reichlich ins Haus flattern,
- für das überreichliche Angebot an Fernsehsendungen in den Programmübersichten,
- natürlich auch für die vielen echten oder vermeintlichen gesundheitsfördernden Mittel, die in bald unübersichtlicher Fülle auf dem Markt von sich reden machen,
- und vergessen wir nicht: für Nachrichten, Briefe, Notizen, die von einem anderen Menschen zu Ihnen kommen und von dessen innerer Einstellung geprägt sind und für Sie Folgen haben können.

Was werden in der Werbung *für schöne, lockende Worte gemacht*, die die Lösung von allen nur denkbaren Problemen versprechen, wenn man nur ein bestimmtes Lehrmittel, eine Ware oder ein Gerät zu kaufen bereit ist! Und was stecken doch hinter diesen schönen Worten oft für negative Momente der Geschäftemacherei, der bloßen Befriedigung des eigenen Gewinnstrebens und Profits. Wie häufig werden unnötig teure Geräte oder sonstige Anschaffungen als notwendig bezeichnet, wo eine ganz preiswerte einfache Ausführung zuweilen selbst herzustellen ist und für ein einwandfreies Ergebnis voll und ganz genügt. Natürlich ist das nicht immer so, aber wer kann heute noch alles überblicken und sich ein klares Urteil bilden? Ein Musterbeispiel ist in dieser Zeit das fast schon abstoßende Angebot der esoterischen Geschäftemacher mit ihrer marktschreierischen Werbung, die sich von der Sache her eigentlich von selbst verbietet, bei der man an die biblischen Worte der »falschen Propheten« erinnert wird, und: »An ihren Früchten sollt Ihr sie erkennen«.

In allen diesen Fällen ist das Problem immer das gleiche, bevor man sich entscheidet: *Welchen Wert hat das für mich*? Was bedeutet es für mich? Nur wer sich dieser kritischen Frage sachlich treffend stellt, kann damit rechnen, daß er seine wertvolle Zeit nicht mit dem Studium von zweit- oder drittklassigen Lehrmitteln, mit oberflächlicher Lektüre oder mit seichter Berieselung vergeudet, um hinterher einigen Groll gegen sich selbst oder schalen Geschmack auf der Zunge ertragen zu müssen.

Der Energiesensor befreit Sie aus dieser Schwierigkeit. Sie müssen nur in vollem Umfang die Voraussetzungen dafür verstanden haben, daß er Ihnen die treffende Antwort auch in diesem besonderen Fall gibt, wo Sie den zu prüfenden Gegenstand, z. B. ein Buch, oft gar nicht zur Verfügung haben. Es liegt Ihnen nur ein gedruckter Hinweis, eine Werbeanzeige, vielleicht ein handgeschriebener Notizzettel und sonst nichts vor. Warum arbeitet der Energiesensor auch in diesem Fall mit der gewohnten Zuverlässigkeit, wenn Sie ihn nur richtig gebrauchen? Um es hier nochmals kurz zusammenzufassen: Alles ist schwingende, fließende Energie. Vom Stofflichen, vom Materiellen her gesehen ist alles, was auf Papier gedruckt ist, nur Papier und getrocknete Druckerschwärze und sind auch fotografische Wiedergaben von Menschen oder Tieren auf dem Fotopapier nichts anderes, als durch den chemischen Entwickler sichtbar gemachte Farbpartikel.

Aber – wie schon im letzten Kapitel von der bioenergetischen Wurzel her aufgewiesen – ein gedrucktes Wort, das wir mit unseren Augen sehen, *trägt seinen geistigen Gehalt in sich*, und eine vor unseren Augen befindliche Fotografie oder Druckschrift bringt das, was sie darstellt, auf der Stelle für den Beschauer inhaltlich und als Ganzes lebendig zum Ausdruck. Anders gesagt: Ein Wort oder eine bildliche Darstellung sind getragen von den Schwingungen, von den Energieausstrahlungen des Wiedergegebenen, die unser innerstes Wesen unbewußt sofort aufnimmt und auf die es dann selbstverständlich auch zu reagieren bereit ist, wenn eine solche Reaktion nur gefordert wird. Der Energiesensor fordert eine Reaktion – und so zeigt er sie in Gestalt seiner Antwort an.

Wie handhaben Sie nun den Energiesensor, damit er Ihnen den persönlichen Wert eines der vor kurzem aufgeführten geistigen Objekte bzw. Zusammenhänge aufzeigt? Wir unterscheiden dabei zweckmäßigerweise von der ganz praktischen Seite her zwei verschiedene Fälle:

a) Im ersten Fall geht es um geistige Objekte größeren räumlichen Umfangs in ihrem Originalzustand. Musterbeispiele sind ein Buch, sei es ein Roman oder ein Werk für geistige Weiterbildung, oder eine Kassette, gleichgültig ob sie uns Informationen, einen Bildungsgegenstand oder Musik vermittelt. Hier haben Sie für Ihre Überprüfung drei Möglichkeiten:

1. Sie halten den Sensorkopf etwa 10-15 cm über den zu prüfenden Gegenstand, im Zweifelsfall lieber etwas weniger hoch, um auszuschließen, daß sich von der Seite her störende oder verfälschende Fremdschwingungen einmischen könnten. Sie wissen längst, daß das Auf und Ab des Sensorkopfes, also Angezogenwerden, Zustimmung bedeutet und seitliches Hin und Her Abstoßung und Ablehnung.

2. Sie halten das Objekt mit seiner breiten Oberfläche gut 15 cm entweder vor Ihren Kopf in Augenhöhe oder vor Ihr Herz, je nachdem was Sie von seinem Inhalt mehr betroffen glauben. Es geht dabei weniger um die Resonanz des Gegenstandes im Organ, Gehirn oder Herz, als im Stirn- oder im (spirituellen) Herzchakra, die von der besonderen tiefinneren Einstellung des Denkens und der Empfindungen mit ihren speziellen Ausstrahlungen getragen sind. Dabei halten Sie den Energiesensor senkrecht vor Ihr Gesicht, so daß sich sein Kopf in Höhe der unteren Stirn, in der Mitte zwischen dieser

und dem Objekt befindet, bzw. von der Seite her wie bei der Prüfung eines Nahrungsmittels mit seinem Kopf in der Mitte zwischen Herzgegend und Objekt. In beiden Fällen sind Ihre Augen wie üblich auf den Sensorkopf gerichtet. Sie wissen, daß in beiden Fällen das Hin und Her des Sensorkopfes von einem Schwingungsfeld zum anderen deren Anziehung zueinander hin, also Bedürfnis und Zustimmung bedeutet, seine querlaufenden Schwingungen, sozusagen die Ränder der beiden Schwingungsfelder entlang (die sich nicht miteinander vermischen wollen), jedoch deren wechselweise Abstoßung und Ablehnung. Wenn es sich um *Bücher oder ähnliches* handelt, können Sie die vollen Titel mit Verfasser und Verlag auch einzeln auf einen Zettel schreiben und, wie soeben beschrieben, vor dem Stirn- bzw. Herzchakra abfragen. So ermittelte einer meiner Kursteilnehmer für seinen Sohn, der Jura studierte, aus der Fülle der Lehrbücher und Kommentare die für sein Studium bestgeeigneten, und das mit bestem Erfolg, wie sich später herausstellte.

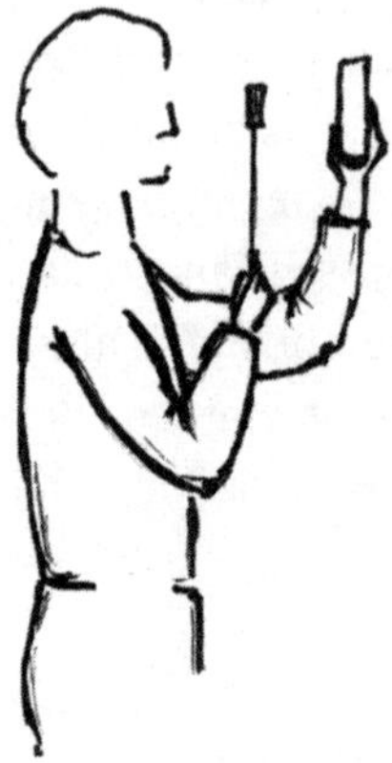

3. Sie legen Ihre ganze (zumeist linke), locker gehaltene Hand mit den ausgestreckten Fingern auf ein Buch, bzw. Sie nehmen eine Kassette so in die ganze Hand, daß diese Kassette locker von beiden Seiten her umschlossen wird. Im letzteren Fall sind das Handchakra mit seinem nervenreichen

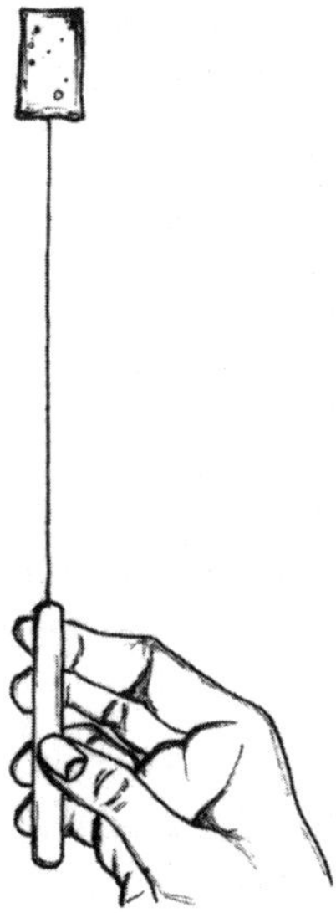

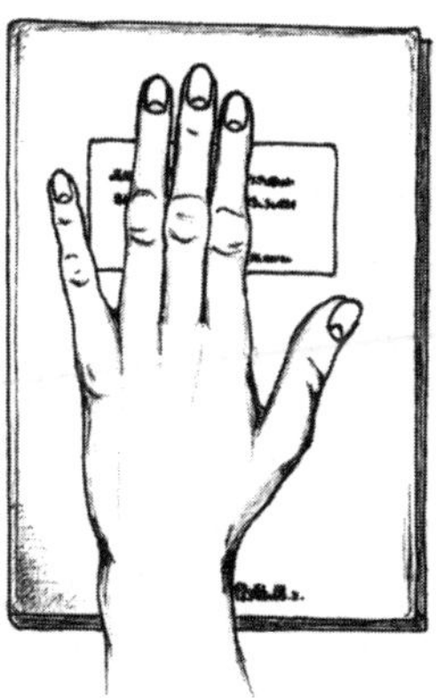

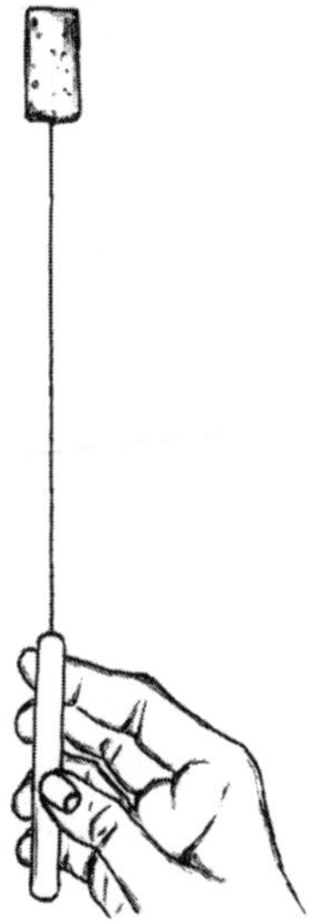

Gewebe des Handtellers auf der einen und die nervenreichen Gewebe der Fingerspitzen auf der anderen Seite. Die andere (zumeist rechte) Hand hält den Energiesensor. Warten Sie seine Reaktion ab, die wie schon bekannt zu interpretieren ist.

Arbeiten Sie für eine andere Person, dann lassen Sie diese das Objekt genauso anfassen, wie soeben beschrieben. Den Sensorkopf halten Sie über deren Hand. Alles andere bleibt unverändert.

Wenn Sie mehrere dieser Prüfarten anwenden, werden Sie immer das gleiche Ergebnis bekommen. Das ist übrigens auch eine sehr gute Übung für die rasche Einarbeitung und volle Beherrschung des Energiesensors. – Es versteht sich von selbst, daß *der Grad der Stärke des Sensorkopfausschlags* den Grad der Zustimmung bzw. Ablehnung wiedergibt.

Manchmal wollen Sie *ein Buch nicht als Ganzes überprüfen*, sondern nur ermitteln, welche Kapitel für Sie von Bedeutung sind, so daß Sie die anderen überschlagen können. Dann prüfen Sie das Inhaltsverzeichnis Kapitel für Kapitel durch, wie anschließend beschrieben wird.

b) Im zweiten Fall geht es um räumlich kleine oder auch um größere, dabei jedoch ganz flache Objekte geistiger Art, entweder im Original oder als Hinweis darauf, z. B. ein kleiner Edel-, Halbedel- oder sonstiger Stein, ein Werbeprospekt, eine Zeitungs- oder Zeitschriftenanzeige, einige auf einen besonderen Gegenstand hinweisende Zeilen in einem Katalog, ein Brief, einige rasch auf einen Notizzettel hingeschriebene Worte aus einem Katalog oder das Inhaltsverzeichnis eines Buches. Hier stehen Ihnen, je nachdem was aus praktischen Gründen jeweils günstiger ist, folgende Möglichkeiten zur Verfügung:

1. Bei einer Veranstaltung, die in der Zeitung ganz- oder halbseitig angezeigt ist, verfahren Sie wie im Fall von größeren Originalobjekten unter Ziffer 1 und 3 beschrieben. Sie halten also den Sensorkopf über die Anzeige oder legen die locker ausgestreckte Hand darauf.

2. Wenn die Größe des Prüfobjekts dafür nicht ausreicht, legen Sie nur das ganze Handchakra auf, wobei Sie die Fingerspitzen ohne Verspannung nach innen krümmen, um nicht Fremdschwingungen aufzunehmen, die jetzt unerwünscht sind. Diese Haltung empfiehlt sich verhältnismäßig selten, weil die Form der meisten Objekte sie nicht zuläßt.

3. Keinerlei Schwierigkeiten dieser Art macht es jedoch, wenn Sie in derartigen Fällen nur die vier langen Finger auf das Prüfobjekt auflegen, oder bei zuwenig Platz die drei langen Finger mit dem Mittelfinger in der Mitte. Wenn es nötig ist, genügen auch nur zwei der langen Finger, also Mittel- und Zeigefinger oder Mittel- und Ringfinger. In jedem dieser Fälle kommt es darauf an, daß Sie mit den nervenreichen Unterseiten der beteiligten Fingerspitzen zugleich guten und dabei doch lockeren Kontakt zum Prüfgegenstand haben. Sie dürfen die Finger also nicht über Gebühr aufdrücken. Alle anderen Finger sind zur Mittelhand hin locker eingezogen.

4. Schließlich genügt es völlig, wenn Sie bei einem ganz kleinen Objekt, etwa einer Perle oder der Kleinanzeige einer Zeitung, nur die Unterseite des obersten Glieds des Mittel- oder eines anderen langen Fingers in der eben beschriebenen Weise als Aufnahmeorgan benutzen. Alle anderen Finger sind lokker eingezogen, wie soeben betont. Nicht nur in diesem, son-

dern in vielen anderen Fällen ist das die Kleinstantenne für das Erkennen von Schwingungen, die lokal exakt zu begrenzen sind. Nach einiger Übung werden Sie kaum mehr Schwierigkeiten haben, auf diese Art treffende Ergebnisse zu erzielen.

In dem Fall, daß Sie *ein oder mehrere für Sie interessante Kapitel aus einem Buch aussondern* wollen, können Sie das Buch seitlich verdreht vor sich hinlegen und im Inhaltsverzeichnis die Spitze z. B. Ihres Mitterfingers auf das wichtigste Stichwort eines Kapitels locker auflegen, um die Antwort des Sensorkopfes abzuwarten. Sie können das Buch in dieser seitlichen Position auch an den äußersten Rand des Tisches legen und jetzt die ganze Länge des Fingers auf die jeweilige Zeile auflegen, um von einem einzigen Wort unabhängig zu werden. Vergessen Sie nicht, die anderen Finger locker zum Handteller hin zu schließen. Sie können auch, wenn Ihnen das noch sicherer erscheint, dabei die über und unter der abgefragten Zeile stehenden Worte etwa mit einem steifen Papier oder Pappdeckel abdecken, wie das manche mit bestem Erfolg tun. Nötig ist das meines Erachtens nur in kritischen Fällen, z. B. bei ganz geringem Kleindruck-Zeilenabstand. – Bei der Arbeit für eine andere Person gehen Sie sinngemäß genauso vor wie am Ende von a) 3 beschrieben.

Zu *1. – 4.*: Es versteht sich mittlerweile von allein, daß Sie in allen diesen Fällen den Energiesensor in der anderen Hand halten und seine Antwort abwarten, in Gestalt von Auf und Ab (ja) oder Hin und Her (nein) oder einem gelegentlichen Stillstand (neutral: weder – noch).

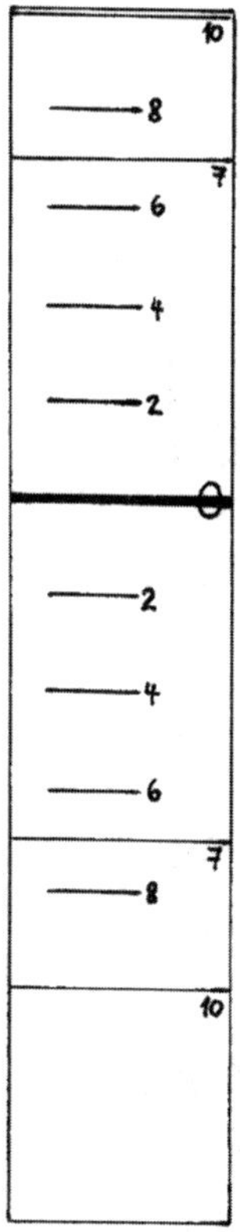

c) Hier noch ein wesentlicher Hinweis zur praktischen Handhabung bzw. Auswertung der Sensorkopf-Schwingungen. Ich habe bereits wiederholt davon gesprochen, daß Sie die Stärke seiner Ausschläge beobachten sollten, um über starke oder schwache Zustimmung oder Ablehnung Klarheit zu bekommen. Bisher mag das völlig genügt haben. Bei den eben behandelten Zusammenhängen wird Ihnen auch schon der Gedanke gekommen sein, ob sich dabei nicht feinere Unterschiede präziser festlegen ließen. Denn das ist in der Praxis zuweilen doch recht bedeutungsvoll. Diese Präzisierung können Sie in der Tat leicht vornehmen. Machen Sie sich *eine einfache Skala* von insgesamt 25 cm Höhe, wozu Sie einen halbsteifen Karton von 30 cm Höhe und 10 cm Breite benötigen. Markieren Sie mit einem Lineal in 10 cm Höhe die Mittellinie 0 und bringen Sie von dort ausgehend alle 2 cm auf der rechten und linken Hälfte je einen kurzen Strich mit den Markierungen 2, 4, 6, 8 an. Bei 7 cm Abstand von der Mittellinie nach oben und nach unten ziehen Sie einen kräftigen Strich ganz durch: Das ist die üblicherweise maximale Schwingungsbewegung. 5 cm unterhalb des unten durchgezogenen Striches und damit zugleich 5 cm vom unteren Rand des Kartons entfernt knicken Sie diesen über eine scharfe Tischkante nach unten, und knicken ihn dann der Länge nach in der Mitte so, daß Sie nun zwei schmalere Streifen von je 5 cm Breite mit jeweils fertiger übersichtlicher Skala erhalten. Jetzt brauchen Sie nur noch mit einer Schere den Knick 5 cm von unten her sauber aufzuschneiden, die eine Längshälfte des Kartons 90° nach hinten zu biegen, die beiden unteren 5 cm großen Stücke nach oben zu klappen, mit gutem Leim oder einigen Heftklammern aneinanderzubinden und darauf ein entsprechend großes Stück Holz oder ein anderes nicht zu schweres Gewicht zu kleben. Schon haben Sie eine saubere, für jede Stelle geeignete und ausreichend standfeste Skala, die leicht abzulesen ist.

Sie sehen, daß die Mittellinie dieser Skala 15 cm oberhalb der Bodenfläche ist: *genau der im allgemeinen richtige Abstand*. Diese Skala stellen Sie nun hinter das zu prüfende Objekt und halten den anfangs noch ganz ruhig stehenden Sensorkopf in Höhe der Mittellinie. So können Sie nach kurzer Übung die Weite seiner Schwingungsausschläge präzise an der Skala ablesen. Bei horizontalem Hin- und Herschwingen legen Sie die Skala einfach quer. Es versteht sich, daß Sie je nach Ihrer Körpergröße Ihren »Arbeitsplatz« in der richtigen Höhe einrichten, z. B. auf einem hohen Tisch, einer noch höheren Kommode oder auf einem sauberen, umgekehrt auf den Tisch gelegten Karton. Nach einiger Zeit werden sich Ihre Augen für das Erkennen der Schwingungsweite so geschärft haben, daß sie diese sehr viel sicherer erfassen, auch da, wo Sie die Skala nicht benutzen können oder wollen.

Vielleicht ist Ihnen bei der Beschreibung dieser Ableseskala aufgefallen: *Wenn Sie mit der 100%-Kenntafel arbeiten*, brauchen Sie sich diese Skala natürlich nicht anzufertigen. Dann haben Sie es, wie ich es schon in dem Kapitel »Die zwei verschiedenen Arbeitsmethoden« beschrieben habe, sehr einfach, die Schwingungsweite des Sensorkopfes abzulesen. Es handelt sich um die vier Schwingungsstufen, die Sie schnell erkennen lernen.

Wenn Sie nun bei Ihrer Ermittlungsarbeit *aus mehreren Möglichkeiten die für Sie beste auswählen wollen*, dann brauchen Sie nur bei jedem Prüfobjekt mit Hilfe einer dieser zwei einfachen Skalen die Weite der Schwingungsausschläge so genau wie möglich zu messen. Der Vergleich der Ergebnisse gibt Ihnen die bestmögliche Lösung. Achten Sie bei dieser Arbeit nur darauf, daß Sie die Schwingungen nicht zu früh ablesen, sondern erst dann, wenn sich der Sensorkopf voll auf seinen jeweils weitesten Ausschlag eingeschwungen hat. Das können Sie leicht daran erkennen, daß seine Schwingungsweite mindestens 5, besser 10 Schwingungen lang unverändert bleibt. Vorher können Sie den Wert nicht als verbindlich nehmen.

Beachten Sie bei Ihrer Arbeit bitte stets:

- Wenn Sie den Wert eines Buches oder eines anderen geistigen Erzeugnisses für sich ermitteln wollen, dann *verwechseln Sie bitte nicht den Wert des geistigen Produkts mit dem des Verfassers oder Herstellers*! Das ist ein beachtenswerter Unterschied. Denn ein sonst mangelhaft erscheinender Mensch kann sehr wohl ein ausgezeichnetes spezielles Werk schaffen, und der beste Mensch kann zuweilen Minderwertiges produzieren.

- Es geht bei allen diesen Prüfungen immer nur um die besonderen Beziehungen von Ihnen selbst bzw. desjenigen, für den Sie die Prüfung vornehmen, zu dem jeweiligen Prüfobjekt. Sie bekommen also nicht ein absolutes, allgemeingültiges, in allen Fällen richtiges Urteil, sondern immer *nur das relative, auf den Prüfling bezogene* und nur für ihn zutreffende. Auch das ist ein sehr zu beachtender Unterschied.
- Eine Warnung: *Jedes Objekt, das in fremde Hände gerät*, vielleicht gar in viele, kann deren Schwingungen aufnehmen. Diese Fremdschwingungen können die nicht sehr starken Eigenschwingungen, z. B. eines Briefes, überschwemmen oder übertönen. Daher empfehlen sich bei derartigen Prüfobjekten Kritik und Vorsicht, wenn Sie ein vielleicht falsches Ergebnis vermeiden wollen. Beschaffen Sie sich in einem solchen Fall möglichst mehrere Prüfgegenstände, die diesbezüglich weniger gefährdet sind.
- Viele Pendler und Schwingpendler legen großen Wert darauf, grundsätzlich *nur auf störungsfreiem Boden und an Elektrosmog freiem Platz* zu arbeiten. Auch ich habe festgestellt, daß vor allem bei stärkerer geopathischer Belastung das Energiesensor-Ergebnis verfälscht werden kann. Daher kann ich mich dieser Ansicht anschließen. Die Einzelheiten dazu werden Sie im letzten Teil dieses Buches noch genauer kennenlernen. In jedem Fall ist es ratsam, daß Sie sich durch diesbezüglich selbstkritische Überprüfung völlige Klarheit verschaffen, um vor bitteren Enttäuschungen sicher zu sein.
- Nochmals: »Alles fließt« (Heraklit). *Alles ist in ständiger Bewegung und Weiterentwicklung*. Uns durchschnittlichen Menschen fehlt nur das Organ, die feinen, uns verborgenen

Stufen dieses unaufhörlichen Wandels zu erkennen. Daher die Warnung: Bei jedem länger laufenden Prozeß die Prüfung immer wieder erneuern! Denn was heute richtig ist, muß morgen, erst recht in einer Woche oder gar einem Monat nicht auch noch richtig sein.

Persönliches Verhältnis zu anderen Menschen

Ein Gebiet, das von Radiästheten bisher im allgemeinen vernachlässigt wurde, sind die persönlichen Beziehungen von Mensch zu Mensch. *Die Unbezweifelbarkeit der Aura* ist Ihnen in diesem Buch schon mehrfach begegnet, also des Schwingungs- oder Strahlungsfeldes, das sich um jeden lebenden Menschen herum befindet und sich ständig je nach dem augenblicklichen Zustand und den Vorgängen in seinem Gefühl, Verstand oder Willen verändert. Wenn nun zwei solcher Felder von Energieschwingungen in Berührung kommen, ist es unausbleiblich, daß im Prinzip die gleichen Reaktionen eintreten, wie wir sie schon im Hinblick auf Nahrungsmittel, Medikamente und geistige Zusammenhänge kennengelernt haben. Denn alles ist – was immer es sonst sei – auch schwingende Energie. Es geht dabei immer um die Frage, wieweit zwei verschiedene Personen *in ihren natürlichen individuellen Verschiedenheiten übereinstimmen oder auch nicht*. So liegt es auf der Hand, daß diese Frage von größter Bedeutung für Menschen ist, die miteinander auskommen sollen oder gar müssen, wie zum Beispiel in der Ehe oder bei zwei eng verbundenen Geschäftspartnern.

Es geht hier also – wenn wir das Wort in seinem nicht zu engen Begriff nehmen – um *die »Verträglichkeit« von zwei Men-*

schen oder in einem weiteren Sinn gesehen auch um die Verträglichkeit eines Menschen mit einer größeren menschlichen Gemeinschaft, die sich durch eine gewisse gemeinsame Empfindungs- und Denkweise und vor allem durch gemeinsame Interessen auszeichnet. Dafür gibt es unzählige Beispiele: auf politischem, religiösem, wirtschaftlichem, kulturellem Gebiet, so vielfältig wie es besondere Interessenrichtungen oder Antriebskräfte zu einem bestimmten Denken und Handeln überhaupt gibt. Die Frage des Zueinanderpassens ist also für jeden Menschen von großer praktischer Bedeutung, die dadurch gewiß nicht vermindert wird, daß man sie in ihrer Wichtigkeit oftmals nicht erkennt.

An dieser Stelle wäre es unerläßlich, auf *die Voraussetzungen für diese Verträglichkeit oder Übereinstimmung* zu sprechen zu kommen. Das ist indessen bei der besonderen Zielsetzung dieses Buches schon seines notwendigen Umfangs wegen gar nicht möglich. Es ist auch gar nicht erforderlich, weil ich an anderer Stelle die verschiedenen Gesichtspunkte schon behandelt habe, die von Bedeutung sind. Das gilt sowohl für die verschiedenen seelischen Voraussetzungen für die Übereinstimmung in der Ehe oder in jeglicher enger Partnerschaft[14], als auch für eine tiefergehende psychologische Betrachtung aller seelischen Gegebenheiten, die sich dafür im Leben immer wieder von neuem als wesentlich erweisen.[15]

Jedoch kann diese ganze Problematik hier nicht völlig übergangen werden. Um der notwendigen Klarheit willen möchte ich sie wenigstens anreißen und einen ganz knappen Überblick über die wesentlichen Voraussetzungen für *das gedeihliche Zusammenleben von zwei Menschen in der Ehe bzw. in enger Partnerschaft* geben, die dann je nach der jeweiligen Lebenssituation sinngemäß zu verstehen sind:

- Das allgemeine Kultur- und Geistesniveau muß das Leben in etwa der gleichen Welt möglich machen.
- Die Intelligenz soll etwa gleich gut ausgebildet sein.
- Die Temperamentsartung soll sich ungefähr ergänzen, z. B. soll sich ein lebhafter, leicht erregbarer Mensch mit einem eher ruhig-gleichmütigen verbinden.
- Auch die Artung des Willens soll sich etwa ergänzen, da her soll sich ein mehr aktiver Wille mit einem mehr ruhig-beständigen zusammenfinden.
- Auf beiden Seiten ist ein Mindestmaß an seelischer Hingabefähigkeit nötig, also darf bei beiden Teilen kein allzu ausgeprägtes Selbstbehauptungsbedürfnis mit entsprechender Egozentrik vorherrschen.
- In der Interessenlage und speziell im sexuell-intimen Be reich soll einigermaßen guter Ausgleich gegeben sein (»Primat der Interessen«).
- Jedoch bleibt der unberechenbare Faktor der Liebe bzw. der wechselseitigen Sympathie, die sich bei fehlender Toleranz und Großzügigkeit rasch verbrauchen und auflösen können.

In den folgenden Punkten sind die Grundlagen einer Persönlichkeit aufgeführt, die *bei mehr in die Tiefe gehender psychologischer Betrachtung* deutlich werden:

- Die weitgehend vergessene und *dabei fundamental wichtige Lebenskraft*, von der wir in diesem Leben alle zehren: Ohne ein ausreichendes Maß an Lebenskraft sind wir hochgradig hilflos, und nur mit ihrer ausgeprägten Stärke sind wir hochleistungsfähig und den bösen Widrigkeiten dieser Welt mehr oder minder gewachsen.[16]

- *Die seelisch-geistige Entwicklungsstufe* eines jeden Menschen, die von ungeistiger, grob materieller Einstellung bis zu hochgradiger Verinnerlichung der vollen Geistigkeit reicht.
- *Die Entwicklung der einzelnen Energiezentren oder Chakren*, die den Kern einer Persönlichkeit in körperlicher und seelisch-geistiger Hinsicht widerspiegeln. Für jeden geistig Strebenden ein faszinierendes Kapitel von größter Bedeutung.[17]
- Wenigstens zu einem Teil *die Männlichkeit und Weiblichkeit des Charakters*, wenn wir davon ausgehen, daß jedes Geschlecht etwa 25% der sogenannten typischen Eigenschaften des anderen Geschlechts in sich trägt; das als Durchschnittswert, der im konkreten Einzelfall natürlich ganz anders sein kann (»Mannweib«, »weibischer Mann«!).

Wie schon gesagt muß ich mich hier mit diesen knappen Stichworten begnügen. Der hinreichend Interessierte mag sich an den angegebenen Stellen genauer informieren, wo er manche für sein alltägliches Leben wichtige Erkenntnis machen kann. Das betrifft sowohl sein sogenanntes »Glück« und seinen Lebenserfolg als auch seine persönliche geistig-spirituelle Entwicklung.

Mögen die aufgeführten Einzelheiten im allgemeinen auch leichter und noch genauer mit dem altbekannten radiästhetischen Werkzeug des Pendels erfaßt werden können, so ist *der Energiesensor in der Einfachheit seiner Anwendung auf diesem Gebiet* nicht zu übertreffen. Das gilt vor allem dann, wenn Ihnen an einem relativ rasch gewonnenen und umfassenden klaren Gesamtergebnis gelegen ist. Es ergibt sich zwingend aus den individuell verschiedenartigen Gesamtschwingungen der einzelnen Persönlichkeit. Denn in seiner Aura ist der ganze Mensch restlos widergespiegelt oder treffender gesagt: Hier ist sein eigentlicher Kern.

An dieser Stelle muß ich jedoch *eine klare Warnung* aussprechen: Der Energiesensor kann immer nur aufzeigen, wie sich die Ausstrahlungen von zwei Menschen *insgesamt* zueinander verhalten. In der engen Zweierbeziehung gewinnen jedoch oft *ganz besondere Wesenszüge* eine psychologisch vorherrschende Bedeutung. Sie können dann vor allem im Trott des vielleicht zermürbenden Alltags die noch so gute Gesamtwirkung Stück um Stück aufbrechen und am Ende zunichte machen. Sie brauchen nur an zunächst kleine und unwesentlich erscheinende Eigenheiten zu denken, die dem einen Teil gar nicht gefallen und die der andere nicht aufgeben will! Diese Gefahr ist bei jedem summarischen Vergleich immer gegeben, weshalb ich hier deutlich darauf hinweisen muß.

Nun zur *praktischen Arbeit mit dem Energiesensor*, zum Erfassen des persönlichen Verhältnisses von zwei Menschen. Sie haben dabei drei Möglichkeiten zur Verfügung:

1. *Die unmittelbare Gegenüberstellung der beiden Personen* ist die nächstliegende Möglichkeit: Diese stellen sich, die Gesichter einander zugekehrt, in einem Abstand von etwa 1 m voneinander auf. Hier berühren sich die wechselseitigen Energiefelder schon oder noch recht stark. Sie halten etwa in die Mitte, also rund 50 cm von jedem entfernt, Ihren Energiesensor in der bekannten Weise etwa in Höhe des Sonnengeflechts (Solarplexuszentrum) und warten auf die Sensor-Reaktion: Hin- und Herschwingen von einem zum anderen bedeutet selbstverständlich gegenseitige Anziehung, also Sympathie, je nach der Weite des Ausschwingens schwächer oder stärker, und

senkrechtes Auf- und Abschwingen in gleichbleibender Entfernung zwischen den beiden wechselweise Abstoßung, also Antipathie, auch hier je nach Weite des Ausschwingens schwächer oder stärker. – Aus verständlichen Gründen ist dieses Verfahren vielfach nicht möglich. Dann wenden Sie eines der folgenden an.

2. *Gegenüberstellung des einen Menschen und eines charakteristischen Schwingungsobjekts des zweiten*, z. B. seiner Handschrift oder Fotografie oder irgendeines anderen sehr individuellen Objekts seiner Person: Wie ich im vorletzten Kapitel schon ausgeführt habe, sind Handschrift und Foto eines Menschen durch genau die gleiche Charakteristik gekennzeichnet wie dieser selbst und so kaum verwechselbar. Sie können direkt als Ersatz für die nicht anwesende Person dienen, ohne daß dadurch das Ergebnis der Überprüfung an Wahrheitsgehalt einbüßen müßte. Voraussetzung ist das fehlerfreie Vorgehen mit dem Energiesensor und eine gewisse Erfahrung und Sicherheit in der Arbeit damit. Verfahren Sie genauso wie bei der Prüfung von Nahrungsmitteln oder Medikamenten. So wie dort, bieten sich zwei Prüfungsmöglichkeiten an: Foto oder Handschriftenprobe

- *entweder* 15-20 cm vor den Oberkörper (das fotografische bzw. handschriftliche Bild in Richtung auf den Menschen zu) und den Energiesensor dazwischen halten und dessen Reaktion abwarten

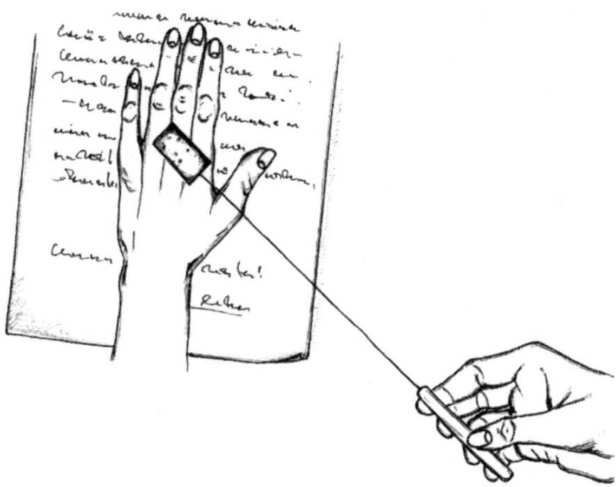

- *oder* auf einen Tisch oder eine andere Unterlage legen, Ihre eigene linke bzw. eine Hand der zu überprüfenden Person mit dem nervenreichen Handteller (Handchakra) sanft auf die Vermischung der beiden Energiefelder oder knapp darüber plazieren, und mit Ihrer rechten Hand den Sensorkopf 10-15 cm direkt darüber halten. Bei Überprüfung eines anderen Menschen können Sie natürlich wie sonst in vergleichbaren Fällen statt des Sensorkopfes auch Ihre linke Hand über die sich vermischenden Energiefelder von Prüfobjekt und Prüfperson halten und den Energiesensor in die rechte Hand nehmen, um seine Reaktion abzuwarten. Natürlich bedeutet dann das senkrechte Auf und Ab des Sensorkopfes Zustimmung und das waagerechte Hin und Her Ablehnung.

So können Sie als der Prüfende *die innere Beziehung eines anderen Menschen zu sich selbst oder zu einem Dritten klären*. Im letztgenannten Fall sind Sie sozusagen neutral, da Sie im allgemeinen kein unmittelbares Interesse an einem bestimmten Ergebnis haben. Mit diesem Verfahren konnten zum Beispiel schon manche, die per Zeitungs- oder Zeitschriftenanzeige einen Lebenspartner suchten, diesen erfolgreich aus einer großen Zahl von »Angeboten« heraussuchen, d. h. aussondern und dabei ihr Glück finden. Genauso können Sie bei der Vorauswahl aller Menschen verfahren, mit denen Sie nur dann enger zu tun haben wollen, wenn Sie von vornherein einer ausreichenden menschlichen Übereinstimmung mit ihnen sicher sein können, z. B. von Hausgehilfen, Mitarbeitern, Vereinsmitgliedern, Reisebegleitern, von Menschen im gesellschaftlichen Umgang.

3. *Mittelbare Gegenüberstellung der beiden Menschen in Gestalt eines charakteristischen Schwingungsobjekts eines jeden*, z. B. seiner Handschrift oder seiner Fotografie oder eines anderen höchstindividuellen Objekts seiner Person, etwa eines oft in die Hand genommenen Taschenkalenders des einen oder eines Briefs des anderen oder eines getragenen Wäsche- oder Kleidungsstücks des einen und eines laufend benutzten Stuhl- oder Kopfkissens des anderen Menschen. In diesem Fall sind Sie als der mit dem Energiesensor Arbeitende der nicht unmittelbar Betroffene, der die Beziehung von zwei anderen Menschen austestet. (Einzige Ausnahme: Sie testen jemand anderes in seiner Beziehung zu Ihnen selbst und benutzen aus einem besonderen Grund statt Ihrer eigenen Person ein für Sie typisches Testobjekt zur Prüfung.)

Das Vorgehen: Sie stellen die beiden Testobjekte einander

wie üblich im Abstand von 15-20 cm oder auch mehr gegenüber. Zu diesem Zweck brauchen Sie sie nur in diesem Abstand auf einen Tisch zu legen oder zu stellen, wenn sie dazu, wie etwa Kleidungsstücke, groß genug sind und keine Stütze brauchen, oder Sie lehnen sie so steil wie möglich an eine Stütze an, etwa die Fotografie an ein Glas. Das weitere Verfahren ist dann, wie schon beschrieben, völlig klar.

Den Geist einer Versammlung von Menschen und Ihr persönliches Verhältnis zu ihr können Sie mit dem Energiesensor natürlich genauso ermitteln. Etwa dann, wenn Sie der oft wohlberechtigten Frage nachgehen, ob Ihnen die vorherrschende untergründige Stimmung, »der Geist« dieser Versammlung in Anbetracht Ihrer besonderen Wesensart, Ihrer Bedürfnisse und Interessen eine wirkliche Hilfe sein kann, oder ob sie Sie am Ende nur in eine negative Sphäre herunterzieht. Überall, wo viele Menschen sind, bildet sich dieser besondere »Geist« mit seinem massenpsychologischen Charakter, diese Massenausstrahlung, die sich durch einen hervorragenden Menschenführer oder einen raffinierten Menschenverführer, einen geschickten Demagogen lenken und steuern läßt und daher gegebenenfalls auch relativ raschen Wandlungen unterliegen kann.

Dessen ungeachtet herrscht im allgemeinen eine mehr positive oder eine mehr negative Grundstimmung vor. Denken Sie nur an die Massenversammlungen des Tausendjährigen Reichs, sofern Sie diese noch direkt oder durch gute Filmaufnahmen wenigstens mittelbar erlebt haben sollten, aber auch an Massen-Versammlungen, wo es oft »heiß hergeht«, an kirchliche Gemeindeversammlungen, Bürgerzusammenkünfte, Elternberatungen, an Versammlungen gegen den Bau eines Atomkraftwerks, gegen die Erweiterung eines Flughafens, gegen die Lagerung von Atommüll usw. Immer steht dabei der Mensch und seine Beeinflussung im Mittelpunkt, immer bildet sich rasch das Fluidum bestimmter Ausstrahlungen.

Der Energiesensor zeigt Ihnen sofort, welcher Geist in dieser Zusammenkunft vieler Menschen herrscht: ob er aus (richtig oder falsch vestandenem) Idealismus, also aus gutem Willen und aufrechtem Bemühen gespeist ist oder ob ganz andere Motive in ihm stecken, ob das Ganze für Sie gut ist oder nicht. Sie brauchen Ihr Gerät nur so unauffällig, wie es Ihnen möglich ist, in kurzem Abstand vor Ihrer Brust oder Ihrem Gesicht senkrecht zu halten. In den meisten Fällen genügt das schon. Sie können – was oft zweckmäßiger, da unauffälliger ist – auch Ihre Hand als Antenne einsetzen, indem Sie sie locker geöffnet, je nachdem mehr oder weniger erhoben oder auch am Arm nach unten hängend, in den Raum hineinhalten; die rechte Hand hält den Energiesensor in Normalhaltung.

Ist die Örtlichkeit dafür günstiger, können Sie sich in einer Ecke mit Ihrem Körper und dem rechts gehaltenen Sensor kurzzeitig zur Seite drehen und dabei die locker geöffnete Linke zum Ort des Geschehens hindrehen. Das ist alles nur *Übungs- und Erfahrungssache*. Die beiden Antwortmöglichkeiten der Anziehung bzw. des »Nichts-damit-zu-tun-haben-Wollens« sind Ihnen ja nun längst geläufig.

Mit dieser Veröffentlichung habe ich mir die Aufgabe gestellt, den hohen Wert des Energiesensors für die Klärung von wichtigen Beziehungen darzustellen. Es sollen möglichst viele Leser in die Lage versetzt werden, dieses nützliche Gerät so einzusetzen, daß sie Schwierigkeiten und unnötigen Belastungen aus dem Weg gehen und ihre individuell immer begrenzten Energiekräfte voll und ganz im positiven Sinn einsetzen können.

Auswirkung der Schwingungen von Orten

Zu Beginn dieses und der noch folgenden Kapitel muß ich die Leser um Verständnis dafür bitten, daß ich einige Zusammenhänge in diesem Buch nicht im einzelnen behandeln kann, die gerade für die Alltagspraxis recht bedeutungsvoll sind. Der Grund ist einfach: Ich habe sie in meiner letzten Veröffentlichung »Das Große Pendelbuch – Persönlichkeit, Gesundheit und erfülltes Leben« so ausführlich behandelt, daß ich Sie an gegebener Stelle am besten darauf verweise. Der Pendel als das seit vielen Jahrhunderten bekannte und genutzte radiästhetische Werkzeug ist in diesen Punkten dem Energiesensor für den praktischen Einsatz im Alltag insofern überlegen, als er etwas rascher zu Ergebnissen führt. Allerdings fehlt es zunächst an der präzisen Genauigkeit der örtlichen Festlegung, und da hat der Energiesensor wiederum eine seiner Stärken: Dort ist er für den einigermaßen Geübten weniger umständlich in seiner Handhabung, wo es auf exakte Abgrenzung ankommt. Außerdem wird es sich kaum ein Radiästhet, der mit dem Energiesensor arbeitet, nehmen lassen, auch den altbewährten Pendel mit seinen besonderen Vorzügen zu nutzen.

Eine gute Einführung in die Problematik der Schwingungen von Orten ist der Baumtest, den Sie in dem Kapitel »Praktisches Einarbeiten« schon kennengelernt haben (siehe Seite 74 ff.). Lesen Sie die dortigen Ausführungen bitte noch einmal durch und gehen Sie mit dem Energiesensor jetzt umgekehrt nach folgendem Verfahren vor: Messen Sie die Aura des Baumes nicht vom Stamm ausgehend, sondern bewegen Sie sich ganz langsam auf ihn zu. Beginnen Sie je nach Stärke und Gesamteindruck des Baumes in 5-10 m Entfernung: Sie stehen in aufrechter und dabei lockerer Haltung ganz ruhig und bewußt mit gutem Fußsohlenkontakt vor dem Baumstamm, die erhobene linke Handantenne ihm zugekehrt, und in der rechten Hand halten Sie Ihren Energiesensor. Nun gehen Sie ganz langsam mit nur einen halben Fuß langen Schritten auf ihn zu, ihre Augen sind auf den Sensorkopf gerichtet, und warten das erste klare Einsetzen seiner Schwingungen ab. Sind Sie sich der ersten Schwingungen sicher, gehen Sie klugerweise nochmals etwas zurück und wiederholen das Spiel noch langsamer. Denn durch die naturgemäße Verzögerung des Beginns der ersten Auf- und Abbewegung mag der alleräußerste Punkt der Auraausstrahlung des Baumes noch etwas weiter zurückliegen.

So können Sie diesen Punkt ganz exakt herausfinden und festlegen. Damit haben Sie schon *das Verfahren* erlebt, das Sie sinngemäß überall da anwenden können, wo es sich um einen lokal begrenzten und klar zu fixierenden Ort der Kraft handelt, wie das bei jedem in der Erde stehenden Baum der Fall ist. Im übrigen werden Sie noch sehen, wie wichtig es für Sie sein kann, gerade die Stärke der Ausstrahlung eines Baumes zu erkennen. Das ist mit der Grund, weshalb ich Ihnen gerade an dieser Stelle das eben beschriebene Experiment empfehle.

Doch nun zu dem eben ausgesprochenen *Stichwort »Ort der Kraft«*. Es gibt solche von positiver und von negativer Aufladung, weshalb man vielleicht treffender den neutraleren Begriff »ortsgebundene Energieaufladung« oder »spezifische Ortsaufladung« benutzen sollte. Indessen ist der schlichtere Begriff »Ort der Kraft« inzwischen weitgehend eingeführt, so daß ich auch hier an ihm festhalten möchte. Das sind Plätze, die sich durch ein gesteigertes naturgegebenes Energiepotential auszeichnen. Im Prinzip muß jeder Ort, der durch die ihn bildende Materie der Erde, der Bodenbedeckung, gegebenenfalls durch Baumaterial und Pflanzenbewuchs gekennzeichnet ist, seine spezifische Schwingung, seine Aura, seinen besonderen »Geist« haben, wie die Römer sagten: seinen »spiritus loci« (den *»Geist des Ortes«*).

Und so ist es in der Tat. Wenn wir heute sagen – auch ich gebrauchte dieses Wort soeben –, daß es sich dabei um *ein naturgegebenes Energiepotential* handelt, so sind wir bei der berühmten Frage vom Ei und dem Huhn: »Was war zuerst da?« Die ursprünglichen aus Erde (und Kosmos) kommenden Schwingungen oder die Ausstrahlungen von zumeist vielen Menschen mit ihrem Denken und Tun speziell an diesem Ort? Oder wirkt sich beides zusammen aus? Ich werde gleich auf diese Frage noch zurückkommen.

Nun zur Praxis: Wenn Sie mit Ihrem Energiesensor gewisse Örtlichkeiten untersuchen, werden Sie anfangs des öfteren mit Verwunderung feststellen, wie der Sensorkopf plötzlich senkrecht zu schwingen beginnt, ohne daß Sie sich das erklären können. Solche Stellen sind ohne ersichtlichen Grund irgendwo im Gelände, oft auch in Wohnungen und anderen Bauten zu finden. Abgesehen von solchen ganz unauffälligen Plätzen sind es häufig zum Beispiel große, auffallend im Gelände (meist aufrecht) stehende Steine, Erdhügel nach Art alter Hünengräber, die uns bekannten Reste altgermanischer, keltischer, indianischer (in Nord- und Südamerika) Kultstätten oder zuweilen auch Befestigungsanlagen und in unserem christlichen Kulturkreis ganz besonders die Plätze alter Kirchen und Klöster. In ihnen wiederum sind es vor allem die Altäre und Kanzeln bzw. die Stellen, auf denen der Priester das Wort Gottes verkündete, oft auch Taufsteine, wo sich ein solcher Ort der Kraft befindet. Der Energiesensor verhält sich an solchen Plätzen genauso wie bei der Feststellung der Aura eines Menschen, eines Baumes oder eines anderen Lebewesens. Nicht umsonst habe ich in dem einführenden ersten Teil dieses Buches – als ich auf die Begrenzung der Welt verwies, die uns unsere eingeschränkten fünf Sinne auferlegen – schon darauf hingewiesen, daß auch Steine ihre eigene Schwingung in und um sich und damit ihre eigene Aura haben.

Wer sich speziell für diese Zusammenhänge interessiert, der möge sich der *Geomantie* zuwenden, die diesen alten Erkenntnissen präzise nachspürt und immer wieder Neues und oft ganz Erstaunliches zu Tage fördert.[18] Es besteht kein Zweifel, daß die Menschen früherer Zeiten diesbezüglich tiefe Einsichten hatten, die uns durch die Überheblichkeit unseres bloß rationalen Denkens verloren gegangen sind.

Ich komme nun zur Schilderung von *positiven Orten der Kraft*, das heißt von solchen, die eine von uns als positiv, als aufbauend, als wertvoll empfundene Ausstrahlung haben. An vielen der soeben aufgeführten alten Kultstätten in verschiedenen Teilen unserer Welt und in verschiedenen Religionsbereichen konnte ich das durch die lebhafte Reaktion meines Energiesensors bestätigt finden. In der Nähe Ihres Wohnorts können Sie es selbst jederzeit ohne großen Aufwand nachprüfen, ebenso in jedem anderen Land der Welt, in das Sie eine Urlaubs- oder eine berufliche Reise führen mag.

Um hier nur *Beispiele aus einem einzigen Land* zu nennen: Ich fand das alles bei einer kürzlichen Reise in Spanien bestätigt. Ob es sich um alte christliche Wallfahrtsorte wie den Montserrat mit der berühmten Madonna handelt oder die Basilika in Santiago de Compostela und die vielen alten Pilgerstationen auf dem Weg dorthin, um die westgotische Königshalle bei Oviedo, um die noch auf die Römerzeit zurückgehende Krypta des Doms in Palencia oder die großartige romanische Klosterkirche in Leyre und ihre eigenartige Krypta, um das Kloster Yuste, wo Kaiser Karl V. seine letzten Lebensjahre verbrachte, oder auch den dort nahegelegenen deutschen Soldatenfriedhof – um nur einige Beispiele aus diesem einen Land zu nennen. Ich könnte zahllose andere aus fast allen europäischen Ländern anschließen.

Genau die gleiche Bestätigung fand ich *im Fernen Osten in dem ganz anderen Kulturbereich* des Buddhismus oder des Shintoismus in den Tempeln und Klöstern in oder nahe bei der alten japanischen Kaiserstadt Kyoto wie – um auch hier nur einige wenige zu nennen – im Daisen-in, dem Ryoan-ji, dem Kosho-ji Tempel (des berühmten Meisters Dogen) in Uji, dem ältesten Tempel Japans: dem achteckigen Horyuji bei Nara oder genauso in Kamakura oder Tokio, in Taipeh auf Formosa (Taiwan) oder an vielen anderen Plätzen, auch in den hinduistischen Teilen Asiens.

Nichts anders erlebte ich in den moslemischen Moscheen, den altindianischen Kultstätten Arizonas oder Neu Mexikos oder den jüdischen Heiligtümern in Jerusalem und anderen Orten. So wie gar mancher Mensch auf einer Ägyptenreise etwa angesichts der gewaltigen Tempelanlagen von Abu Simbel geradezu überwältigt wird von den jahrtausendelang schwingenden Ausstrahlungen dieses gewaltigen Ortes der Kraft, die sich hier – so möchte man meinen – aus der Tiefe des Herzens der Wüstenvölker zu dieser Dichte aufgebaut haben.

Immer das gleiche Bild: Genauso wie an unseren deutschen Wallfahrtsorten und alten Domen, an den Externsteinen bei Detmold oder den alten englischen Kultstätten Stonehenge oder Rollright, in den Soldatenfriedhöfen aller Nationen und an vielen anderen Plätzen zeigte der Energiesensor die starken Energiekräfte dieser Stätten durch lebhaftes Auf und Ab des Sensorkopfes an, das *bei ausgeprägt positiven Schwingungen in eine weitausgreifende Rechtsdrehung übergeht*. Damit habe ich schon seine Reaktion an diesen positiv aufgeladenen Stellen beschrieben.

Die Voraussetzung ist überall auf der Welt die gleiche: Positive Orte der Kraft befinden sich dort, wo im Lauf der Zeit viele Menschen mit großer Innigkeit beteten und beten, wo sie sich in starker innerer Sammlung verbunden wissen mit der Urenergie der allgewaltigen »göttlichen« Kraft, die alles geschaffen hat und am Leben hält, wo sich die reinen Motive des Denkens und Tuns fanden. Überall also, wo diese positiven Schwingungen vorherrschen, die von den Seelen der Menschen in die Mauern und Kunstwerke aus Holz und Stein und Metall aller Art einströmten und von da wieder ausstrahlen, zeigt der Energiesensor diese Energien und positiven Kräfte an.

Ich hatte *zum Beispiel ein starkes Erlebnis*, als ich in der bekannten Wallfahrtskirche vom Montserrat war. Schon »unten« in der Kirche zeigte der Energiesensor an verschiedenen Stellen etwa gleich starke Ausschläge. Als ich mich durch einen schmalen Treppengang direkt zur Figur der Madonna hinauf begeben hatte, die sich weit über dem Hochaltar befindet, und den Sensor in nur einem guten halben Meter von der Figur entfernt einsetzte, war ich ganz gebannt von der kaum zu bändigenden Stärke und Weite seiner Auf- und Abschwingung und der sofort einsetzenden überstarken Rechtsdrehung, die mich fast um die Stabilität des Geräts fürchten ließ.

Ein solches Erlebnis vermittelt ganz anschaulich und überzeugend die kaum glaubliche Energieballung an solchen alten heiligen Stätten, wo im Laufe der Jahrhunderte ungezählte Menschen ihre innigen Gebete verrichteten. *Da schwindet jeder Rest von Zweifel an der Stärke der menschlichen Seele* und der totalen seelisch-geistigen Sammlung der Gedanken. Es bleibt nur die tiefe Überzeugung von der unermeßlichen Kraft, der allgegenwärtigen schöpferischen Urenergie. Sie äußert sich im christlichen Bereich dieser Welt nicht anders als etwa im buddhistischen, wo mir wie im Chishakuin- oder im Nanzen-ji-Tempel in Kyoto oder im Lungshan Tempel in Taipeh ganz ähnliche Erlebnisse beschieden waren.

Wie arm sind doch die Menschen, die an all dem gleichgültig vorübergehen, so wie der Blinde die Schönheit dieser Welt nicht sieht! Ein jeder, der solch tiefe Erfahrungen erleben durfte, *weiß sich dabei hoch hinausgehoben* aus dem, was wir den grauen Alltag nennen, in die Sphäre des Numinosen, des »Göttlichen«, der unendlichen Schöpfungskräfte, die im Grunde doch in allem leben und wirken, was da existiert, auch in dieser Welt des so oft ungeliebten Alltags. Wer Augen hat zu sehen, der sehe es und spüre es und lebe so sein ungleich reicher gewordenes Leben, an jedem Ort und zu jeder Stunde.

Und wie ist es an den durchweg negativen Orten der Kraft? Auch hier zeigt das Gerät zunächst ganz besondere Energie durch mehr oder minder starkes Auf- und Abschwingen an, um in den Fällen von vorherrschender negativer Aufladung dann in deutliche Linksdrehung überzugehen. Auch hier vermittelt die ausgreifende Weite der Drehschwingung die Intensität des Negativen (und der Ablehnung). Ein Beispiel in Stichworten: Wanderung in der Nähe eines ganz alten Dorfes (urkundlich schon im 12. Jahrhundert erwähnt), dabei Passieren einer alten Hütte am Waldrand. Bei Näherkommen schon recht unerfreuliches, fast bedrohlich-unheimliches Gefühl, das sich unmittelbar davor und erst recht im Inneren sehr verstärkt. Nichts Ungewöhnliches zu bemerken, offensichtlich früher einmal als Wetterschutzhütte gebaut. Später ergab die Erkundung beim geschichtskundigen Lehrer des Dorfes: Die betreffende Gemarkung war auf der Karte 1:25000 noch um die Jahrhundertwende gekennzeichnet mit »Schindanger«, und genau an der Stelle der heutigen Hütte war früher der Platz, wo die Menschen »geschunden«, das heißt gefoltert und dann hingerichtet, häufig gevierteilt oder verbrannt wurden. »Der Geist des Ortes«! Und der Energiesensor? Er zeigt ganz starkes Auf- und Abschwingen wechselnd mit intensiver Linksdrehung. In anderen Fällen mag es vielleicht auch nur diese sein.

Im vorigen Kapitel habe ich schon im Zusammenhang mit dem Erfassen der von Menschen ausgehenden Schwingungen ausführlich auf *Versammlungen, besonders interessant sind »Massenversammlungen«*, von Menschen hingewiesen und geschildert, wie Sie mit Ihrem Energiesensor die vorherrschende Atmosphäre in ihrer Wirkung erfassen können. Es wäre nicht falsch, wenn Sie es jetzt nochmals lesen würden. Die Antwort des Sensorkopfes ist im negativen Fall genauso wie eben beschrieben. Wenn Sie irgendwelche Lokale, Säle oder Plätze kennen, in oder auf denen sich öfters Kundgebungen oder agitatorische Massenversammlungen von ausgesprochen negativ aufgeheizter Stimmung wiederholen, dann prüfen Sie gelegentlich, welche »Antwort« Ihnen der befragte Energiesensor auch dann gibt, wenn die betreffende Örtlichkeit völlig menschenleer ist. Er wird Ihnen auch dann immer die soeben beschriebene Antwort geben. »Der Geist des Ortes«: Schwingende Energie läßt sich nicht wegwischen und nicht wegzaubern, ob wir sie wahrnehmen oder nicht!

An dieser Stelle möchte ich Ihnen *eine Episode aus dem*

früheren Deutsch-Südwestafrika (heute Namibia) berichten, die wir einem englischen Offizier verdanken.[19] Sie spielt in der Zeit des Hottentottenaufstandes kurz nach der Jahrhundertwende in einem weitab liegenden Winkel der Kalahariwüste, der noch in der zweiten Hälfte unseres Jahrhunderts, selbst mit einer gut ausgerüsteten Expedition, nur schwer erreichbar ist: »Bei der Wasserstelle Grootkolk, kurz unterhalb der Nordgrenze, wird vor allem der deutsche Reisende innehalten: Hier ist 1904 eine Kamelreiter-Patrouille der kaiserlichen deutschen Südwest-Schutztruppe in einen Hinterhalt der unerschrockenen Hottentottenkrieger geraten, denen sie den Zugang zur Wasserstelle hätten abschneiden sollen. Bis auf den letzten Mann sind die deutschen Soldaten niedergemacht worden. Noch vor kurzem hat man die Reste ihrer Dromedarsättel im trockenen Sand, so wird berichtet, verrotten sehen. Ihre Geister aber kommen nicht zur Ruhe. So jedenfalls hat es sich der deutsche Zoologe und Schriftsteller Lutz Heck von einem britischen Offizier berichten lassen, als er 1953 den Nossob befuhr: ›Diese Männer finden keine Ruhe, nachts stehen ihre Geister auf, und dann stellen sie Posten auf, die rufen: Wer da? Jeder, der bis dahin kommt, hört die Rufe, sogar die Eingeborenen.‹ ›Und ich‹, setzte der Kommissar hinzu und senkte geheimnisvoll die Stimme, ›Sie mögen es glauben oder nicht, ich habe sie auch gehört.‹«

Da haben wir wieder den »spiritus loci« der alten Römer. *Wer sich mit Tod und Sterben und den vielen Zeugnissen vergleichbarer Art auseinandergesetzt hat*, der weiß, wie schwer sich die Seele gerade bei einem plötzlichen Tod vom Körper und von der Materie dieser Welt lösen kann. Wer vielleicht im eigenen Erleben ähnliches beobachten durfte, der hört damit auf, einen derartigen Bericht als bloße Spinnerei abzutun. Die wiederum so einfache Begründung: Alles ist schwingende, fließende Energie, die sich nicht in Nichts auflösen kann! Warum sollten sich bestimmte Gedankenschwingungen von höchster, in äußerster Todesnot geprägter Intensität nicht am Ort des jähen Geschehens festsetzen können, so, daß sie akustisch von wachen Ohren wahrgenommen werden?

Nun zu der Frage, die sich Ihnen vermutlich seit einiger Zeit aufgedrängt hat: *Gibt es solche Orte der Kraft* nur an den beschriebenen besonderen Stellen oder *auch in der alltäglichen Lebensumgebung*? Um das gleich ganz klar zu sagen: Im allgemeinen läßt sich diese Frage eindeutig bejahen. Die Schwierigkeit liegt nur darin, einen solchen Ort auf die einfachste Art zu finden. Die Überlegenheit des Pendels ist für gewisse Fälle unbestritten. Zum raschen Auffinden eines Ortes der Kraft gibt es in der Tat kaum einen einfacheren und schnelleren Weg als die Suche mit dem Pendel auf der Karte eines bestimmten Landschaftsabschnitts, auf dem Grundriß oder einer Skizze der betroffenen Örtlichkeit: des Hauses oder der Wohnung durch das Kreuzen von Suchlinien. In meinem Pendelbuch habe ich das Verfahren genau beschrieben.[20]

Mit dem Energiesensor können Sie dann *die gefundene Stelle präzise überprüfen*: Der Sensorkopf beginnt über einem solchen Ort der Kraft, lebhaft senkrecht auf- und abzuschwingen, wie er das über allen Ausstrahlungen von Lebensenergie tut. Es wird vor allem bei starken Orten positiver Kraft rasch eine kräftige Rechtsdrehung einsetzen oder ein sich immer wiederholender Wechsel zwischen diesen beiden Bewegungen, in manchen Fällen auch der ständige Wechsel von Stillstand und Auf- und Abschwingung mit Rechtsdrehung.

Sehr sensible Menschen spüren einen solchen Ort der Kraft auch ohne jedes Hilfsgerät, wobei ihnen der Energiesensor dann die einwandfreie Bestätigung gibt. Denn es gibt Personen, die sich in der eigenen Wohnung oder bei guten Freunden vorzugsweise an eine bestimmte Stelle begeben, an der sie sich besonders wohl und nach einiger Zeit wieder gekräftigt fühlen, wenn sie zuvor reichlich abgeschlagen waren. Umgekehrt wird ein bestimmter Platz von ihnen möglichst gemieden. Wenn Ihnen solche Fälle begegnen, dann prüfen Sie diese Stelle nach: Zumeist werden Sie hier einen negativ aufgeladenen Punkt bestätigt bekommen (Linksdrehung).

Eben gebrauchte ich das Wort »Punkt«. Verstehen Sie das bitte nicht wörtlich. *Die jeweilige Größe eines Ortes der Kraft* können Sie mit dem Energiesensor sehr einfach ermitteln, indem Sie Ihre Antennenhand wie üblich locker geöffnet in beliebiger Höhe zum Boden hinhalten und so durch wiederholtes punktförmiges Ansetzen die äußerste Grenze dieses energiegeladenen Ortes feststellen. Zumeist wird dieser Ort kreisförmig ein, was aber nicht immer so sein muß. Wollen Sie den Rand der Ausstrahlungen an diesem Platz genau fixieren, dann legen Sie den Mittel- oder Zeigefinger der Antennenhand mit seiner nervenreichen Spitze an den kritischen Stellen mehrfach locker auf den Boden: Mit dem Überschreiten des äußersten Randes der Ausstrahlung bleibt der Sensorkopf unbewegt stehen. Die meisten Orte der Kraft dieser Art, die mir bisher begegneten, bildeten einen Kreis oder annähernd einen solchen mit einem Durchmesser zwischen etwa 80 und 170 cm, oft 100-120 cm.

Wenn Sie in Ihrer Wohnung, in Ihrem Garten oder irgendeinem Ihnen zur Verfügung stehenden Gelände an einem Ort der positiven Kraft eine Blume oder Pflanze aufstellen oder pflanzen, dann werden Sie über deren *prächtiges Wachsen und Gedeihen* überrascht sein. Ebenso wie im gegenteiligen Fall:

kümmerliches Wachstum und langsames Dahinsiechen, wenn Sie als Standort einen negativ aufgeladenen Ort der Kraft wählen. Auch jeder Kreuzungspunkt des Globalen Gitternetzes sowie jede stärkere Spannungslinie dieses Netzes ist ein solcher negativer Ort. Darüber genauer im letzten Teil dieses Buches.

Hier muß ich erneut auf die Ankündigung gleich zu Beginn dieses Kapitels zurückkommen. In meinem schon mehrfach erwähnten Pendelbuch habe ich alles Wesentliche über die Bedeutung und die Auswirkungen der Orte der Kraft dargelegt. Zum Glück entdecken wir heute manche alten Erkenntnisse wieder von neuem, die uns in den Zeiten der Überschätzung des nur materiell Greifbaren verlorengegangen sind, damit wir sie uns wiederum nutzbar machen können.

Die direkte Auswertung dieser Orte der Kraft verlangt nur, daß Sie sich direkt an einen solchen Ort hineinbegeben. Aber bitte nicht über Gebühr lange! Der zu sehr ausgedehnte Aufenthalt würde sonst zu einer Belastung. Denn auch hier gilt der Grundsatz: Zuviel ist ungesund.

Noch wichtiger ist die indirekte Verwertung, vor allem im Interesse unserer Gesundheit. Weil sie ein Kernstück für unsere Sicherung vor geopathischer Belastung darstellt, werde ich darauf noch genauer zurückkommen. Dazu brauchen wir *geeignete Medien*, die die positiven Energien in sich aufnehmen und speichern, so daß wir sie je nach Bedarf gebrauchen können, ohne an den Ort der Kraft gebunden zu sein. Die wichtigsten dieser Medien sind Wasser (der menschliche Körper besteht bekanntlich zu rund 60-80% aus Wasser, was gerade dessen Wirksamkeit verständlich macht), ungebleichte Vaseline, Watte oder Unterwäsche. Es wäre wenig sinnvoll, wenn ich die Einzelheiten über das Verfahren der Energieaufladung und über die Anwendung dieser energetisierten Substanzen besonders zu Heilungszwecken oder zu rascher Regeneration hier im einzelnen wiederholen würde. Sie können das alles an der bezeichneten Stelle nachlesen.[21]

Was tun Sie, wenn Sie keinen Ort der Kraft zur Verfügung haben, um sich in dieser Weise zu helfen? Sie können sich *die starken Ausstrahlungen der Lebenskraft eines gesunden kräftigen Baumes* zunutze machen. Sie brauchen die eben erwähnten Substanzen nur einige Stunden dicht an den Baumstamm zu stellen oder zu legen. Dann nehmen sie dessen intensive Energieschwingungen genauso in sich auf, wie an einem Ort der Kraft. Haben Sie den kürzlich empfohlenen Baumtest gemacht? Dann haben Sie diese Kräfte ja selbst erlebt.

Um die genaue Zeit zu ermitteln, die für die volle Aufladung des Wassers und dergleichen nötig ist, verwenden Sie wieder die 100%-Kenntafel, indem Sie die Zahlen auf dem äußeren Rand gleichsetzen mit Minuten. Sollte der Sensorkopf dauernd bei 100 stehen bleiben (= 1 Std. 40 Min.!), dann bedeutet das einen längeren Zeitraum, den Sie durch folgende Überlegung ermitteln: »Da 100 Minuten offensichtlich noch zu wenig sind bis zur vollen Sättigung des Wassers mit positiver Energie, bitte ich auf dem äußersten Zahlenkreis die Zahl der nötigen Stunden anzugeben dadurch, daß jede Zehnereinheit 1 Stunde bedeutet, also die Zahl 10 = 1 Stunde, 20 = 2 Stunden usw.« Da der Abstand zwischen diesen Zahlen weit genug ist, können Sie auch halbe und viertel Stunden noch gut ablesen. Sie wissen: Mehr als voll gesättigt kann das Wasser nie werden. Bestrahlen Sie es also lieber etwas länger als kürzer, um Ihrer Sache sicher zu sein.

Die einfachste Methode, um Ihr Wasser zu vitalisieren: Legen Sie einfach einen etwa faustgroßen Brocken Bergkristall oder

Rosenquarz (»Schönheit« spielt dabei gar keine Rolle, der Stein kann getrost allerlei Einschlüsse haben) einige Stunden in den Wasserbehälter. Das genügt völlig.

Die immer wieder auftauchenden Fragen: Warum ist das alles so? Wie können wir uns das erklären? Und die einfache, auch hier wiederholte Antwort: Alles ist schwingende, fließende Energie. Körperlicher Schmerz und Krankheit sind von dieser Seite aus gesehen immer Schwächung, Störung oder gar Blokkierung im Fluß der Lebensenergie. Der weltbekannt gewordene Arzt Dr. Voll, der Entdecker der Elektro-Akupunktur, prägte den Satz – ein Schlüsselsatz der Erkenntnis: »Schmerz ist der Schrei des Gewebes nach Energiedurchflutung.« Bringen wir die gestaute oder gar blockierte Energie wieder zum Fließen, dann bedeutet das intensivere Durchblutung und Stärkung der Abwehr- und Heilungskräfte.

Und wenn *wissenschaftlich* gewisse Details dieser uns zunächst geheimnisvoll erscheinenden Zusammenhänge in unserem Organismus nicht ganz geklärt sein mögen, dann ändert das daran nichts. Wer es an sich erlebt hat und an anderen oft genug beobachten konnte, der weiß es. Nur ein lebensfern denkender Mensch, welchen Beruf er auch immer haben mag, kann eine solche Hilfsmöglichkeit von vornherein ablehnen. Der Geschädigte ist er ja nur selbst und allenfalls seine von ihm überredeten »Opfer«.

Wir wissen heute mit großer Sicherheit, daß *frühere Jahrhunderte sehr viel mehr* von solchen energiegeladenen Orten und ihrer Bedeutung wußten. Vieles spricht dafür, daß ihre Beachtung und ihre praktische Verwertung bis in die Neuzeit fast selbstverständlich war. Dafür legen die vielen einwandfrei nachgewiesenen Plätze der Kraft Zeugnis ab, die sich zum Beispiel an besonders wichtigen Stellen von Kultstätten aller

Art finden. Die schon erwähnte Geomantie, die sich in ihren Forschungen intensiv mit diesen Dingen auseinandersetzt, kann das heute an Hunderten von Beispielen aufweisen. Auf diesem Gebiet betreiben einige Universitäten und Technische Hochschulen seit Jahren systematische Studien mit vielfältigen Untersuchungen an Ort und Stelle, deren Ergebnisse sich bei Nachprüfungen von verschiedenen Seiten durchweg bestätigen.

Am Ende dieses Kapitels möchte ich *nicht an einer Folgerung vorbeigehen*, die sich uns im Zusammenhang mit *dem allgegenwärtigen energetischen Schwingungsphänomen* fast aufdrängt. Sie haben sich mit der großen Bedeutung vom Geist des Ortes auseinandergesetzt, die, wie gesagt, die alten Römer schon genau kannten und mit ihr auch zu »arbeiten« wußten. Was ruft denn, zumindest zu beträchtlichen Teilen, den Geist des Ortes hervor? Es sind – wie wiederholt betont – die intensiven Schwingungen, die das Denken und Tun der Menschen ausmachen, und damit selbstverständlich auch den jeweils herrschenden Zeitgeist einer bestimmten menschlichen Gemeinschaft. Er ergreift die Betroffenen oft in einer Weise, die eine nachfolgende Generation nicht mehr verstehen kann. Wer sonst als eben dieser »Geist« mit seinen ihm innewohnenden Schwingungen ist es, der im Körperlichen und Materiellen die weiteren Ereignisse bewirkt?

Fazit: *Der Mensch selbst macht sein Schicksal*, nach den uns weitgehend unbegreiflichen Gesetzen, die eine für uns nicht faßbare Instanz geschaffen hat, der wir alle unterworfen sind, ob wir es erkennen oder nicht. Das unerbittliche Gesetz von Ursache und Wirkung begegnet uns hier. Ihm sind wir preisgegeben. Seien wir also in höchstem Maß wachsam, was die Kultur unseres Denkens angeht. Denn sie steht immer am

Anfang dessen, was wir tun, und was wir für uns selbst und für andere an Bedingungen für weiteres Denken und Tun setzen. Sie gehen oft weit über unsere persönlichen Einflußmöglichkeiten hinaus und bleiben doch ein Teil unserer eigenen Verantwortung.

Geopathische Belastung, Elektrosmog und Abhilfen

In den bisherigen Teilen dieses Buches habe ich ein besonderes Problem ausgeklammert, das wegen seiner großen Bedeutung ein eigenes Kapitel verdient. Ich habe Sie früher schon einige Male darauf hingewiesen: Es sind die geopathischen Störungen, denen wir alle, ob wir es wissen oder nicht, überall ausgesetzt sind. Zum Glück öffnen sich immer breitere Bevölkerungsschichten der Erkenntnis dieser Art von Belastung. Das Schlimme ist, daß wir diese ständig akute Bedrohung unserer Gesundheit mit unseren menschlichen Sinnen nicht wahrnehmen können. Deshalb leugnen sie kurzsichtige Menschen, und gar manche haben das später bitter bereut.

Die allgegenwärtige geopathische Belastung

Zunächst die Frage: Was *sind überhaupt geopathische Störungen*, von denen seit einigen Jahren mehr und mehr in der breiten Öffentlichkeit zu hören und zu lesen ist? Sie werden auch als geobiologische oder als geopathogene Störungen oder Belastungen bezeichnet, also als in der Erde begründete Belastungsquellen unserer biologischen Gesundheit, die die mehr oder minder starke Gefahr einer Erkrankung bescheren. Nehmen Sie bitte den Begriff »Erde« im weitesten Sinn, denn dabei spielen auch Einflüsse aus dem Weltraum eine gewisse Rolle. Zwar sind sie im einzelnen nicht oder noch nicht exakt festzulegen, ähnlich wie der Einfluß des Mondes auf die Gezeiten, auf den weiblichen Zyklus und auf verschiedene andere Zusammenhänge auf unserer Erde. Aber an ihrer Existenz und Wirksamkeit kann nicht gezweifelt werden.

In diesem Buch beschränke ich mich bewußt auf feststehende Tatsachen: nämlich auf ein in vielen Jahrzehnten gewonnenes Erfahrungsgut, das sich Tag für Tag von neuem erhärtet. *Die so verursachten gesundheitlichen Störungen* äußern sich z. B. zunächst in Schlafschwierigkeiten bis Schlaflosigkeit, in Kreuzschmerzen, in Kopf- und Gliederschmerzen aller Art, besonders auch in Gelenken, in Benommenheit, unerklärlichen Gefühlen von Niedergeschlagenheit und »Gerädertsein«. Je sensibler der Betroffene, um so stärker seine Beschwerden. Bis eines Tages wegen der nicht mehr zu bewältigenden Dauerbelastung eine oft schwere Erkrankung ausbricht!

Ich habe an anderer Stelle bereits auf Fälle, *in denen der unmittelbare Zusammenhang von schwerer Erkrankung* – nicht nur des vielzitierten Krebses – mit geobiologisch gestörten Schlafplätzen auf der Hand liegt, hingewiesen.[22] Ich könnte diese Beispiele durch viele weitere Fälle solcher Art beliebig erweitern. (Dazu liefert zum Beispiel auch unsere diesbezüglich sehr sensible Tochter, die auf diesem Gebiet tätig ist, fortgesetzt neues, oft geradezu erschreckendes »Material«.) Ich bin mir hier mit vielen anderen verantwortungsvoll und kritisch vorgehenden Radiästheten einig. Immerhin gibt es heute schon medizinische Universitätsprofessoren und langjährig erfahrene Chefärzte bedeutender Kliniken, die es aufgrund ihrer soliden Unterlagen als unverantwortlich bezeichnen, diese Zusammenhänge ins Reich der Phantasie zu verweisen, sie einfach zu leugnen oder als Unsinn abzutun. Leider und zum Unglück nicht weniger Menschen geschieht das auch heute noch von Stellen, die es besser wissen müßten, es vermutlich aber nur deshalb nicht wissen wollen, weil es nicht in ihre Ausbildung gehörte und damit ein für allemal jenseits ihrer Welt liegt.

Worin liegen solche geopathischen Belastungen oder Störungen begründet, was dann auch als *geopathogene Standortfaktoren* bezeichnet wird? Es sind im wesentlichen die folgenden:

- Da es heute noch viel zu wenig bekannt ist, möchte ich an erster Stelle *das Globale Gitternetz* anführen, das der Arzt Dr. Ernst Hartmann entdeckte, weshalb es in der ausländischen Literatur zumeist *Hartmann-Gitter* genannt wird. Vom magnetischen Nordpol aus ist der gesamte Globus von einem magnetischen Gitternetz überzogen. *Seine Spannungslinien oder Reizstreifen* liegen in unserer geographischen Breite in der magnetischen Nord-Süd-Richtung etwa 2 m auseinander und in der zugeordneten Ost-West-Richtung etwa 2,50 m. Die NS-Linien haben also einen Abstand von etwa 2,50 m voneinander und die OW-Linien etwa 2 m. Stellen Sie sich einen Globus vor. Dann liegen die sich ergebenden Rechtecke in ihrer Längsrichtung auf dem Globus quer, also in Richtung Ost-West.

Nehmen Sie die genannten Entfernungen nicht zu starr. Sie können je nach den geologischen und sonstigen Verhältnissen ausnahmsweise bis über einen Meter variieren. Der Grund: Die magnetische Feldstärke der Erde kann z. B. durch noch so feine Einlagerungen von magnetischen Objekten wie Erzen oder durch Hohlräume im Gestein örtlich oft stark verzerrt werden. So sind die immer wieder zu beobachtenden beachtlichen Schwankungen in der Breite der magnetischen Spannungslinien zu erklären, die im allgemeinen zwischen 15 und 30 cm, meist etwa 20 cm ausmachen.

Jeder vierte dieser Reizstreifen in OW-Richtung und jeder fünfte in NS-Richtung ist etwa doppelt so stark ausgebildet, weshalb sie gern als *Doppelzonen oder Doppellinien* bezeichnet werden; sie befinden sich also alle 10 m in beiden Richtungen. Die Ausstrahlungen dieser magnetischen Linien, ganz besonders der doppelt starken, und natürlich ihrer *Kreuzungspunkte*, auch hier wieder vor allem der doppelt starken, sind die besonders problematischen Belastungsstellen.

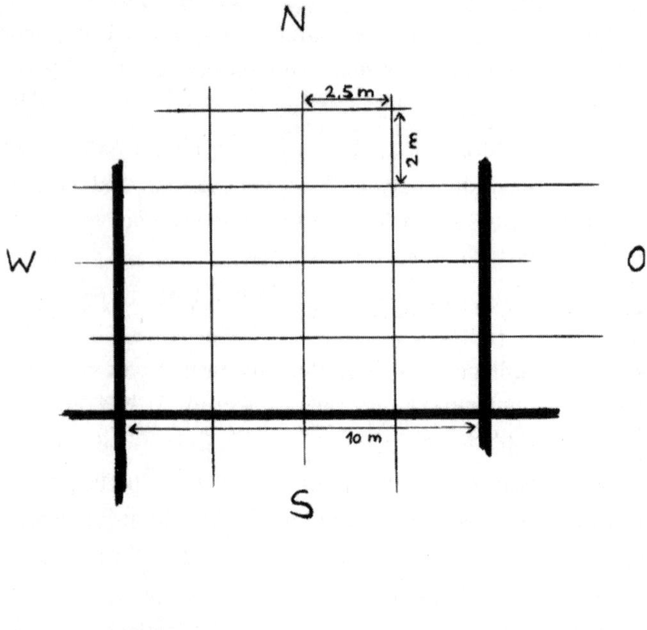

- In der breiten Öffentlichkeit sind die öfter zitierten unterirdischen *Wasseradern oder Wasserläufe* viel bekannter, die sich ebenfalls in verschiedenen Tiefen überschneiden oder kreuzen können. Manche Radiästheten bezeichnen sie als die gefährlichsten Störzonen. Sie stören die geordnete mikroelektrische Ausstrahlung der Erde und erzeugen durch die Reibung des noch so langsam dahinfließenden Wassers am Erdgestein bzw. -boden feine elektromagnetische Felder.

- Ähnlich gefährlich sind ferner *Verwerfungen in den Bodenformationen*, die sich ebenso wie Spalten oder sonstige tektonische Brüche durch die geschichtlichen Bewegungen der Erdkruste gebildet haben und die dem Wasser oft gute Kriech- und Fließgelegenheit bieten. Dann sind sie natürlich doppelt gefährlich. Bei erdgeschichtlichen Bodenverschiebungen kann es langgestreckte, flächige Verwerfungen geben, die zunächst rätselhaft erscheinen mögen.

- Nicht zu vergessen sind *Erzadern oder ganze Erzfelder* sowie unterirdische *Hohlräume* verschiedenster Art, auch *elektrische Leitungen* vor allem von Hochspannung im Boden oder im unmittelbaren Umfeld, z. B. in der Nähe befindliche Hochspannungsleitungen. Abgesehen von den letzteren treten diese Störungsquellen in der Praxis wohl um einiges zurück, was nicht ausschließt, daß sie sich in besonderen Fällen doch sehr bemerkbar machen können. Auf diesen »Elektrosmog« werde ich im folgenden Kapitel zurückkommen.

Alle diese Erscheinungen in der Erde können *mehr oder weniger starke Ausstrahlungen gefährlicher Art* bewirken, die unsere Gesundheit, ja unser Leben bedrohen. Ich habe schon darauf hingewiesen, daß das heute zurecht nicht mehr bezweifelt werden kann. Es ist interessant, daß *viele Tiere* (Kühe, Pferde, die meisten Hunderassen, Kaninchen, die meisten Nesthocker unter den Vögeln) solche gestörten Plätze meiden und, wenn sie es nicht können, wie im Stall angebundene Kühe oder Pferde, dann »rätselhafterweise« erkranken. Andere Tiere dagegen (wie Katzen, Bienen oder Ameisen) suchen diese Stellen zu ihrem Wohlbefinden gerade auf.

Auch Bäumen und Pflanzen jeder Art bekommen diese Stellen sehr schlecht, wie der Kümmer- und Drehwuchs sowie tumorartige Auswüchse vielfach beweisen. Eigenartig unfruchtbare Plätze in Gartenbeeten, Äckern, Schonungen im Wald und dergleichen zeigen dies ebenfalls sehr deutlich. Andererseits treffen Blitzeinschläge oft die Kreuzungspunkte von Reizstreifen oder Wasseradern, was Sie in den Wäldern vielfach nachprüfen können. Das alles kann den zunächst Zweifelnden rasch überzeugen, wenn er sich den zwangsläufig auftauchenden Fragen nur nicht verschließt.

Ganz besonders gefährlich sind Kreuzungen von ausgeprägtem Störungscharakter. Die Biophysik zeigt heute klar auf: Die linksdrehenden elektromagnetischen Felder von Wasseradern oder Verwerfungen bilden für den Organismus ein ausgesprochen störendes Fremdfeld. Denn die Zellen des menschlichen Körpers, die jede für sich eine elektromagnetische Einheit darstellen, sind rechtsdrehend polarisiert. Wenn sich nun in der Erde direkt unterhalb des menschlichen Organismus zwei für die menschliche Zelle ausgesprochen störende Fremdfelder kreuzen, dann gerät das biophysikalische Ordnungsprinzip in der Zelle völlig durcheinander, dann – so Universitätsprofessor Dr. Franz Moser, Graz – »weiß die Zelle nicht mehr, wonach sie sich richten muß und fängt an zu wuchern. Das nennt sich dann Krebs.«[23]

Natürlich sind die geopathischen Belastungen vor allem des Schlafplatzes, wo man ein Drittel seines Lebens verbringt, *selten die alleinige Ursache von chronischer oder schwerer Erkrankung, insbesondere von Krebs*. Es sei denn, die Strahlungen sind ungewöhnlich stark und der betroffene Mensch dafür sehr sensibel. Kaum eine Krankheit hat nur eine einzige Ursache. Wohl aber sind diese zusätzlichen Belastungen häufig eine wesentliche Mitursache dafür, daß sich die tiefgreifende Störung im Organismus des Betroffenen am Ort des geringsten Widerstandes (»locus minoris resistentiae«) manifestiert. Das muß bei weitem nicht immer Krebs sein, wie manche glauben. Diese bösartige Erkrankung ist heute nur in aller Munde. Sie hat vielerlei Ursachen, wie sich jetzt durch erdrückendes, statistisches Material aus vielen Ländern beweisen läßt.[24] Sind einige Ursachen schon gegeben, dann bedarf es in vielen Fällen nur noch der zusätzlichen Wirkung einer stärkeren geopathischen Belastung, damit die Krankheit erkennbar zum Ausbruch kommt.

Es versteht sich ferner von allein, daß die geopathischen Störungen *nicht von heute auf morgen* zu schwerer Erkrankung führen, wohl aber – und das fast unausweichlich – *über die Zeit hinweg*. Wer monate-, jahre- oder jahrzehntelang einer spezifischen, organismusfremden Belastung ausgesetzt ist, und das Tag für Tag wenigstens 8 Stunden lang, also einem Drittel der Lebenszeit, in unglücklichen Fällen bei zusätzlicher Belastung am Arbeitsplatz noch viel mehr, der müßte schon eine übermenschlich starke Konstitution haben, um dem standzuhalten. Sehr sensible Naturen spüren eine geopathische Belastung etwa in ihrem Hotelbett schon während der ersten Nacht! Ich kenne persönlich mehrere Menschen dieser Art, bei denen das gewiß keine Einbildung ist, denn Rute und Energiesensor zeigen die Belastung präzise an.

Es wird heute in Fachkreisen viel darüber diskutiert, ob *technisch bedingte Störungen des natürlichen Magnetfeldes* oder ob geologisch verursachte Belastungen in ihren Auswirkungen auf den durchschnittlichen Menschen schlimmer seien. Zu den erstgenannten gehören zum Beispiel unbiologische Bettmatratzen mit metallischem Federkern und Sprungrahmen, Eisenarmierungen von Wänden oder Decken, Heizkörper mit ihren notwendigen Rohrsystemen usw. Die Ansichten stimmen nicht immer überein, und mir persönlich scheint aufgrund meiner langen kritischen Beobachtung und einer großen Zahl von Überprüfungen manches übertrieben.

Das Gleiche trifft für das zuweilen als ganz besonders gefährlich bezeichnete *Curry-Netz* zu, zu dessen Aufbau von den sogenannten Fachleuten verschiedene und einander zum Teil widersprechende Angaben gemacht werden. Diese schwanken zwischen 3,50 m Abstand der Linien oder Reizstreifen voneinander laut Dr. Curry selbst (1952)[25] und 14-22 m je nach Örtlichkeit.[26] Fest steht, daß es diagonal zum Globalen Gitternetz (Dr. Hartmann) verläuft, weshalb es *oft auch als Diagonalgitternetz bezeichnet wird*. Manche beschreiben es als unmittelbar an das Globale Gitternetz gebunden, was es als eine Art Sekundäreffekt von diesem wirken läßt. Das erscheint mir noch am wahrscheinlichsten.

Ich habe gute Gründe anzunehmen, daß die Schädlichkeit des Curry-Netzes allenfalls 15 bis maximal 25% dessen ausmacht, was das Globale Gitternetz (Hartmann-Netz) an unbezweifelbarer Gefährlichkeit für uns aufweist. *Diese Belastung hält sich im Rahmen der alltäglichen geobiologischen Schwingungen*, denen wir alle ständig ausgesetzt sind und die wir allem Anschein nach auch verkraften können, ohne Schaden zu nehmen. Und wenn gelegentlich Rutengänger (von denen manche bis heute noch nichts von Dr. Hartmann und dem Globalen Gitternetz gehört haben!) das Currynetz für unerklärlich erscheinende Phänomene verantwortlich machen, fällt ihnen anscheinend keine andere »Erklärung« ein. Doch möchte ich ausdrücklich feststellen, daß ich mir nicht anmaße, hier ein endgültiges Urteil fällen zu können. Die Natur geht manchmal seltsame Wege. Jedenfalls gehe ich hier nicht näher darauf ein in der Gewißheit, damit nichts Wesentliches zu versäumen.

Zuweilen wird die kritische Frage aufgeworfen, *ob das Globale Gitternetz* (und damit auch das Diagonal- oder Currynetz) *an jeder Stelle von vornherein schädlich sein müsse*. Ganz besonders trifft diese Frage auf die Kreuzungspunkte und erst recht auf die doppelt starken Reizstreifen mit ihren Kreuzungen zu. Diese Bedenken haben sicher ihre Berechtigung: Würde doch, wenn es tatsächlich so wäre, die ganze Erdoberfläche von Natur aus »verseucht« sein.

Hier gilt es, wie vielfach im Leben, *zwei Aspekte* zu sehen und präzise auseinanderzuhalten: *die Qualität und die Quantität*. Bei unserem Problem heißt das: Die Qualität der spezifischen Störungsart oder – wie man heute auch treffend sagt – der Störungs»information« auf der einen Seite und die Störungsintensität oder -stärke oder die Felddichte dieser besonderen Schwingungen auf der anderen. Schon daraus läßt sich ableiten, wie berechtigt die zur Debatte stehende Frage ist. Können doch je nach der unendlichen Vielfältigkeit der Erdgestaltung beide Seiten ungewöhnlich schwach oder ebenso stark ausgebildet sein mit sämtlichen Variationsmöglichkeiten. Dabei wirken die undurchsichtigen lokalen Gegebenheiten der Erde mit, wie zum Beispiel das Gefüge von Erde oder Gestein (Lockerheit oder massive Festigkeit), die Bestandteile von Mineralstoffen und Metallen bis hin zu den Nachwirkungen und bleibenden Spuren einer für uns überhaupt nicht überblickbaren geschichtlichen Entwicklung über Hunderte von Millionen Jahre. Fazit: Was können wir bei unseren eigenen möglichen Erkenntnissen und bescheidenen Berechnungsmöglichkeiten wissen angesichts dessen, was wir alles nicht wissen? In der Praxis lohnt es sich häufig, die Frage der Qualität und Quantität der Störungen im Auge zu haben.

Indessen: *Worauf kommt es uns an* in jedem einzelnen Fall, wenn jemand konkret wissen will, ob er an einer bestimmten Stelle seiner Wohnung *einen wirklich gesunden Schlaf- oder Arbeitsplatz* erwarten darf? Diese Frage finden Sie in den beiden nächsten Kapiteln beantwortet: Im jetzt folgenden wird die übliche, gewissermaßen schulmäßige Methode dargestellt, die den einzelnen Störungen auf den Grund geht; im dann folgenden das vergleichsweise einfache Verfahren im Sinn der Verträglichkeitsprüfung, das sozusagen für den Hausgebrauch ausreicht.

Die Ermittlung der geopathischen Belastung

Wie können diese geopathischen Störungen ermittelt werden? In der Praxis ist der einfachste und rascheste Weg die Überprüfung des fraglichen Geländes oder Raums, zumeist des Schlafzimmers oder Arbeitsplatzes, *mit der Rute*. Sie zeigt mit Hilfe der Richtungsangaben eines einfachen Kompasses ohne langes Herumsuchen das Globale Gitternetz dank seiner annähernden Regelmäßigkeit in der magnetischen NS-Richtung und der entsprechenden OW-Richtung auf. Finden sich weitere Störungslinien oder -felder, dann kann es sich dabei nur um Wasserläufe oder Verwerfungen oder (ausnahmsweise) um eine der anderen oben aufgeführten Belastungsquellen handeln. Sie können, soweit nötig und möglich, im einzelnen fixiert werden. Das genaue direkte Vorgehen mit der Wünschelrute und örtlicher Kontrolle *durch den Pendel*, ebenso wie das indirekte Auffinden der Störfelder nur durch den Pendel, habe ich in meinem mehrfach zitierten Pendelbuch ausführlich beschrieben (S. 246-249).

Sie können die geopathischen Störfelder aber auch mit dem Energiesensor feststellen. Dazu brauchen Sie ein wenig Geduld und innere Ruhe, denn das Verfahren ist seiner Natur nach etwas langwieriger. Auch hier ermitteln Sie zunächst mit einem einfachen Kompaß die magnetische Nord-Richtung und stellen dann quer zu ihr, ganz langsam Schritt für Schritt, die in Richtung NS verlaufenden Spannungslinien des Globalen Gitternetzes fest. Zu diesem Zweck benutzen Sie die locker geöffnete linke Hand, die zum Boden hin gerichtet ist, als Antenne und halten Ihren Energiesensor mit der rechten in der Normalposition. Sie dürfen dabei nur ganz langsam vorwärts gehen, denn der Sensorkopf braucht seine Zeit, etwa bis zu einer Minute, für die Reaktion auf die aus dem Boden kommende magnetische Ausstrahlung. Diese Reaktion kennen Sie schon vom Magnettest her, den Sie in dem Kapitel »Praktisches Einarbeiten« (siehe Seite 74ff.) geübt haben: Der Sensorkopf schwingt, wie Sie dort bereits erlebten, zuerst senkrecht auf und ab, geht dann in eine deutliche Linksdrehung und nach ganz kurzem Zwischenspiel von Auf und Ab in eine deutliche Rechtsdrehung über, um dann wieder senkrecht auf und ab zu schwingen und anschließend diesen Tanz beliebig oft zu wiederholen, solange sich Ihre Hand genau oberhalb der Reizlinie befindet. – Sie können natürlich, statt Ihre Hand als Antenne zu benutzen, auch Ihren Sensorkopf direkt über die Reizzone halten.

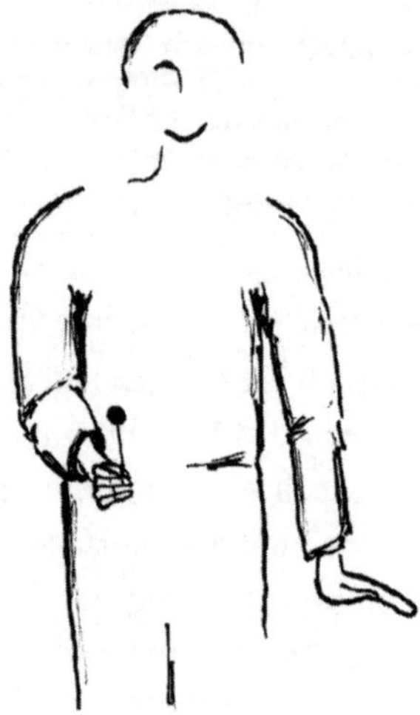

Diesen ersten Punkt, den Sie so finden, markieren Sie am Boden, am besten gleich im Verlauf der vom Kompaß gezeigten NS-Linie. Nun können Sie einige Schritte in die alte Richtung machen und dann von hier aus genauso langsam und sorgsam rückwärts gehen, bis der Energiesensor wiederum zu schwingen beginnt. Dann haben Sie *eine saubere Kontrolle Ihres ersten Ergebnisses*. Jetzt folgen Sie weiter in der ursprünglichen Richtung, bis Sie – in unserer geographischen Breite – nach ungefähr zweieinhalb Metern die nächste NS-Linie in der gleichen Weise ermitteln. So fahren Sie fort, bis Sie den ganzen Raum erfaßt haben. Anschließend erarbeiten Sie sich quer zu den NS-Linien, also im Winkel von etwa 90°, die in OW-Richtung verlaufenden Linien in der gleichen Weise. Diese haben einen annähernden Abstand von 2 m. Die Markierungen am Boden (Stock, Besenstiel, ausgezogenes Metermaß oder mehrere kurze Stücke von Krepp-Klebeband) zeigen Ihnen das Globale Gitternetz im untersuchten Raum an. Stellen Sie *außerhalb dieses regelmäßigen Netzes* weitere Störungen fest, kann es sich nur um eine andere geopathische Belastung handeln. Darüber sogleich.

Sollten Sie von Beginn an bei Ihrer Arbeit *die beschriebene Reaktion des Sensorkopfes ständig erleben* (senkrecht, links, rechts, senkrecht usw.), sind Sie zufällig direkt auf eine OW-Linie geraten. Treten Sie dann etwa zwei Schritte nach rechts oder links, dann sind Sie mit großer Wahrscheinlichkeit auf einem ungestörten Platz und können von da aus die gesuchte NS-Linie ermitteln.

Wenn Ihr Sensorkopf besonders stark ausschlägt, dann haben Sie eine der doppelt starken Spannungslinien des magnetisch strahlenden Globalen Gitternetzes (»Doppelzone«) vor sich, auf die ich bereits hingewiesen habe. Von ihr ausgehend wird sich in etwa 10 m Abstand nach beiden Seiten wiederum diese auffallende Stärke zeigen. – Im Zweifelsfall fragen Sie in mentaler Sammlung Ihren Energiesensor: »Ist diese magnetische Linie eine doppeltstarke, eine Doppelzone, ja oder nein?« Und im Anschluß die kontrollierende Gegenfrage: »Ist diese Linie eine normale Spannungslinie, ja oder nein?« Die Antworten werden sinngemäß übereinstimmen (mit Ja und dann Nein oder umgekehrt) und Ihnen so die endgültige Klarheit geben.

Wollen Sie die äußeren Ränder eines Reizstreifens oder einer Reizzone ganz genau festlegen, dann benutzen Sie als Antenne nicht die ganze locker geöffnete linke Hand, sondern nur die Unterseite der Spitze des locker gestreckten (z. B.) Mittelfingers. Die anderen Finger sind locker zum Handteller hin eingezogen. Das erlaubt Ihnen ein punktförmiges Arbeiten am Boden.

Wo immer Sie zwischen den annähernd regelmäßigen Reizstreifen oder Spannungslinien des Globalen Gitternetzes *weitere Bewegungen des Sensorkopfes* feststellen, haben Sie eine der anderen geopathischen Störungen vor sich, genauer gesagt: unter sich. Der Klarheit halber bringe ich nun eine *Übersicht über alle üblichen Bewegungen des Sensorkopfes und ihre jeweilige Bedeutung*:

- *Senkrechtes Auf- und Abschwingen* gibt immer das Vorhandensein von Energie an der betreffenden Stelle zu erkennen. Je stärker es ist, um so stärker ist die Ausstrahlung dieser Energie. Die Reaktion des Energiesensors ist die gleiche, wie wenn Sie die Stärke der Vitalkraft (Aura) eines lebenden Organismus überprüfen. Im Regelfall wird dann rasch Rechtsdrehung einsetzen. Es kann auch ein ständiger Wechsel von Auf und Ab mit kurzem Stillstand gefolgt von Rechtsdrehung eintreten.

- *Senkrechtes Auf- und Abschwingen mit Rechtsdrehung (wechselnd)*: Der Ort der Kraft bzw. die hier ausgestrahlte Kraft ist ausgesprochen positiver Natur.

- *Senkrechtes Auf- und Abschwingen mit Linksdrehung (wechselnd)*: Linksdrehung bedeutet immer negative, schädliche, möglichst zu vermeidende Energie, so wie Rechtsdrehung das Gegenteil kennzeichnet. Bei geopathischen Überprüfungen bedeutet Linksdrehung immer Verwerfung, die für den Menschen ebenso gefährlich ist wie eine Wasserader.

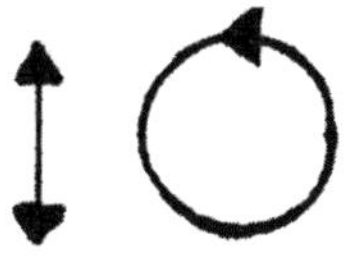

- *Seitliches, also horizontales Hin- und Herschwingen* zeigt Ihnen eine Wasserader an. Die Stärke oder Weite des seitlichen Ausschwingens ist ein Hinweis auf die Intensität der Störung. Bei einem breiten Wasserlauf von mehreren 10 cm können Sie an der Stärke der Schwingung an jeder Stelle schön ablesen, wo er besonders stark ist, wo wesentlich schwächer, bis hin zu einem dünnen Entlangsickern, und wo sich sein äußerster Rand befindet. Aber Vorsicht: Auch ein schwaches Rinnsal kann unter Umständen starke Störwirkung entwickeln!

- *Senkrecht, Linksdrehung, Rechtsdrehung, senkrecht usw.*, wie mehrfach beschrieben und über jeder Kompaßnadel und jedem Magneten: Spannungslinie (Reizstreifen) oder Kreuzung des Globalen Gitternetzes.

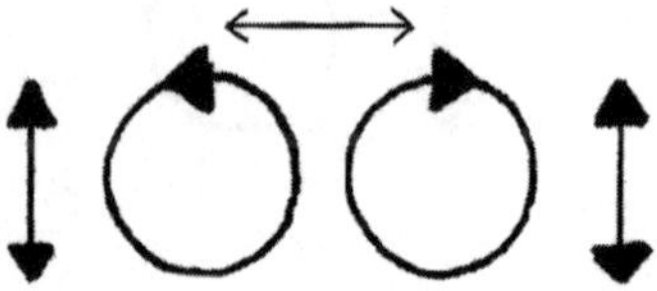

- *Völliger Stillstand des Sensorkopfes*, was Sie – wie schon mehrfach erwähnt – erst nach etwa einer vollen Minute oder im Zweifel vielleicht etwas längeren geduldigen Wartens und ganz ruhiger Haltung des Energiesensors feststellen können: ungestörter Platz.

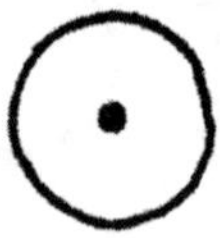

Sicherheitshalber weise ich noch darauf hin, daß Sie sich von *Anfang an auf diese Reaktionsformen Ihres Energiesensors einstellen* sollten. Dann werden sie sich mit höchster Wahrscheinlichkeit auch bei Ihnen so einspielen wie bei allen mir bekannten Benutzern dieses Geräts. Es ist jedoch prinzipiell nicht ganz auszuschließen, daß es sich in einem besonderen Fall auch anders verhalten mag. Das würden Sie bei Ihrer praktischen Arbeit anhand von Kontrollmöglichkeiten indessen rasch bemerken. Aber: Bei ein und derselben Person sind die Reaktionen immer die gleichen. Daran gibt es keinen Zweifel.

Auch wenn der Gegenstand des vorliegenden Buches der Schwingpendel/Energiesensor ist, möchte ich nun bewußt weiter ausholen. Für alle Leser, die schon mit Rute und Pendel oder mit beiden Geräten zu arbeiten gewohnt sind oder die sich in die Thematik einarbeiten wollen, bringe ich die folgende Übersicht.[27] Sie gibt einen *klaren Überblick über die Sprache der drei radiästhetischen Werkzeuge*, wenn Sie damit die geopathische Belastung eines bestimmten Platzes ermitteln wollen. Sie sehen daraus, wie Sie durch die verschiedenen Reaktionen dieser drei Geräte jede einzelne der Gefährdungsarten präzise feststellen können. Ich hoffe, vielen Lesern damit einen Dienst zu erweisen. Denn durch viele Seminarteilnehmer ebenso wie von meinen eigenen früheren Anfangsbemühungen weiß ich von den Schwierigkeiten, in die zunächst so unübersichtlich erscheinende Vielfalt geistige Ordnung und Klarheit zu bringen.

	Pendel	Energiesensor	Rute
Globales Gitternetz	↕ ↺ ↻ ↕ hier: Schwingen in Richtung des Störstreifens (Spannungslinie)	↕ ↺ ↻ ↕	Immer normaler Ausschlag, volle innere Sammlung jeweils auf die besondere Störungsquelle der geopathischen Belastung (»Mentales Arbeiten«)
Wasseradern	↕ ↺ hier: Schwingen in Richtung des Wasserlaufs (selten ↻: dann Heilwasser)	↔	
Verwerfungen	↕ ↺	↕ ↺	
Positive Orte der Kraft	↕ oder ⊙ ↻	↕ ↻	
Negative Orte der Kraft, auch Elektrosmog	↕ oder ⊙ ↺	↕ ↺	
Ungestörter Platz	Schwingen in der magnetischen Nord-Süd-Richtung (wie Kompaß)	⊙	⊙

↻ Rechtsdrehung ↺ Linksdrehung

⊙ Stillstand, kein Ausschlag

↕ Senkrechtes Schwingen des Sensorkopfes bzw. Schwingungsrichtung des Pendels wie angegeben

↔ waagerechtes Schwingen des Sensorkopfes

Bisher haben wir *die Ermittlung der geopathischen Belastung* an Ort und Stelle besprochen, also zumeist im Schlafzimmer oder auch am Arbeitsplatz. Sie können sie aber auch *auf mentale Weise* feststellen, indem Sie den Körper des betroffenen Menschen überprüfen. Das ist in der Praxis oft viel einfacher. Denn Sie benötigen dazu weder die direkt betroffene Örtlichkeit noch den direkt betroffenen Menschen. Sie brauchen *nur die Abbildung seines Körpers* in groben Umrissen. Erinnern Sie sich bitte an das Kapitel »Arbeiten mit Abbildungen und anderen Druckerzeugnissen« (siehe Seite 120 ff.) und die beiden menschlichen Figuren in Vorder- und Rückseite, an denen Sie – hoffentlich – schon einige Experimente gemacht haben.

Lesen Sie bitte die Ausführungen des eben genannten Kapitels nochmals aufmerksam durch und *gehen Sie dann mit der mentalen Methode analog vor*: Sie sehen den vermutlich geobiologisch gestörten Menschen plastisch vor sich und haben nichts anderes in Ihrem Bewußtsein und damit auch in Ihrem augenblicklichen unbewußten Fühlen als diesen Menschen. Schlagen Sie nun bitte *die Zeichnung der beiden menschlichen Figuren* (S.121) auf. Jetzt können Sie in zweifacher Weise vorgehen:

a) Fragen Sie: »Ist der Mensch, dessen Körper ich hier vor mir liegen sehe, an irgendeiner Stelle seines Körpers durch eine geobiologische Belastung *in seiner Gesundheit gefährdet*, ja oder nein?« Antwortet der Sensor mit Nein, stellen Sie das mit einer Kontrollfrage sicher. Antwortet er mit Ja, können Sie die Vorder- und die Rückseite des Körpers in jeweils kurzen Abständen von 2-3 cm systematisch überprüfen, stellen Sie bei jedem Schritt neu die Frage: »Ist die geopathische Belastung *hier oder in unmittelbarer Nähe dieser Stelle* des Organismus von X fühlbar?« und legen nach der Ihnen bekannten Methode eine Fingerspitze locker auf die betroffene Körperstelle. Dabei sehen Sie immer diese Person vor sich. Das weitere Verfahren ist klar.

b) Statt dieses schrittweisen Abfragens können Sie den senkrecht nach unten gehaltenen Sensorkopf *nach Art eines normalen Pendels* zwischen die Unterarme der beiden Figuren halten und direkt fragen: »*Wo, an welcher Körperstelle*, mehr auf der Vorder- oder Rückseite seines/ihres Körpers, erfährt X die schädigenden Auswirkungen einer geopathischen Belastung? Diese Stelle bitte ich so genau wie möglich anzuzeigen.« Dieses Verfahren ist das einfachste und schnellste. Sie können so auch negative Folgeerscheinungen der Ausgangsstörung erfragen, zum Beispiel die Bildung von Metastasen bei Krebs.

Zu den beiden Vorgehensweisen noch zwei Bemerkungen: Die eine will Sie darauf aufmerksam machen, daß Sie nach der Feststellung der gestörten Körperstelle gleich in der Ihnen bekannten Weise *nach der Art der geopathischen Belastung fragen* können. Dazu noch sofort anschließend! Und die andere will darauf hinweisen, daß es manchmal vorkommen kann, daß die geobiologisch negative *Auswirkung an einer anderen als an der direkt angezeigten Körperstelle* (als Krankheitssymptom an dem Ort des geringsten Widerstandes) liegt, zum Beispiel bei negativer »Bestrahlung« des Darmbereichs nicht Darm-, sondern Lungenkrebs (bei einem starken Raucher mit schon schwer vorgeschädigter Lunge) vorliegt.

Die besondere Art der geopathischen Belastung können Sie auch einfach auf mentale Weise erfragen mit dem senkrecht nach unten gehaltenen Energiesensor, also praktisch wiederum nach Art eines normalen Pendels: Schreiben Sie die Worte für die verschiedenen Störungsarten auf einen Halbkreis, sicherheitshalber in einem Abstand von je 2-3 cm zum besseren Ablesen. Anschließend können Sie je nachdem Details erfragen, z. B. einfache Spannungslinie oder Kreuzung, normale Reiz- oder Doppelzone. Wer häufig damit zu tun hat, kann sich die Arbeit so durch einmal erstellte handliche Übersichten beträchtlich erleichtern. Das gilt allgemein für alle möglichen Bereiche, wie sie etwa in den Tafeln meines Pendelbuches vorgegeben sind.

Wenn Sie *die Stärke oder Intensität einer besonderen Störungsquelle* genauer ermitteln wollen, dann tun Sie das mit der 100%-Kenntafel. Sie braucht nur einen einwandfreien Bezugspunkt für die 100%: Es ist der Punkt, an dem die zu erwartende Schädigung zum Beispiel längerfristig eine lebensbedrohende Bedeutung bekommt.

Zum Abschluß dieses Kapitels möchte ich *zur Warnung vor Unachtsamkeit* bei der Ermittlung geopathischer Belastung von folgendem Erlebnis in einem Hotelzimmer berichten. Die Überprüfung des rechts stehenden Bettes mit der Rute ergab einwandfrei: ungestört. Bei der (immer empfehlenswerten) Nachprüfung mit dem Energiesensor reagierte dieser am Kopf des Bettes, also an der Aufliegestelle senkrecht, links, rechts, senkrecht usw. Bei Wiederholung stellte sich das gleiche Ergebnis ein. Zunächst ein unerklärlich scheinendes Rätsel, denn die erneut seitlich vorgenommene Prüfung mit der Rute ergab wiederum Störungsfreiheit. Das Rätsel löste sich auf: Wegen des zwischen den beiden Betten stehenden Nachttisches stützte ich meine linke Hand zur Aufrechterhaltung meines Körpergleichgewichts auf dem Bettgestell oberhalb des Kopfes auf. Ich hatte vergessen, dabei die linke Hand zu schließen, weil das in dieser Position unbequem war!

Eine W-O-Iinie ging aber direkt durch die am Kopf des Bettes befindliche Wand, und mein Energiesensor erfaßte durch die Antenne meiner aufgestützten offenen Hand den äußersten Rand der Ausstrahlung unmittelbar am Bettgestell! Ich brauche dem keinen Kommentar mehr folgen zu lassen.

Das vereinfachte Verfahren im Sinn der Verträglichkeitsprüfung

Ich kann mir denken, daß Sie nach der Lektüre dieser verschiedenen Ermittlungsmethoden zunächst etwas betroffen sind ob ihrer vermeintlichen Kompliziertheit. Seien Sie unbesorgt: Erstens schwindet dieses Gefühl mit steigender Übung recht rasch, so wie das in allen ähnlichen Situationen der Fall ist. Und zweitens kann ich Ihnen nun, wie kürzlich schon angekündigt, ein einfaches Verfahren vermitteln, das Ihnen in den meisten Fällen, sozusagen für den Hausgebrauch, vollauf genügen wird. Es ist in der Tat so verblüffend einfach, daß ich mich selbst darüber wundere, es erst in der letzten Zeit und nicht schon längst entdeckt zu haben.

Diese Methode ist nichts anderes als *die praktische Anwendung der Ihnen längst geläufigen Verträglichkeitsprüfung* auf eine besondere Situation. Auch hier stehen sich wie bei einer Verträglichkeitsprüfung die zwei Schwingungsfelder gegenüber: das eine ist der Organismus des zu überprüfenden Menschen, und das andere ist das Schwingungsfeld der Erde an der Stelle des Arbeits- bzw. Schlafplatzes. Immer wenn die spezifischen Schwingungen gefährlicher Natur sind, reagiert der Energiesensor so, daß er nicht von einem Schwingungsfeld zum anderen hin und her schwingt, sondern in der Mitte quer zu dieser Verbindungslinie. Und da sich der Mensch auf dem Arbeitsstuhl sitzend oder im Bett liegend stets oberhalb des Bodens befindet, kann die Antwort des Sensorkopfes hier ganz eindeutig nur sein:

- bei Störungsfreiheit, also Zustimmung, immer auf und ab, vertikales Schwingen,

- bei vorhandener Gefährdung, also Ablehnung, immer hin und her, horizontales Schwingen.

Die folgenden knappen Hinweise dürften vollauf genügen, um Ihnen *die praktische Anwendung dieser so einfachen und sicheren Methode für nahezu alle Situationen im alltäglichen Leben* zu ermöglichen:

- *Die Unterscheidung der einzelnen Störungsquellen* (Globales Gitternetz, Wasseradern, Verwerfungen usw.) ist hier nicht möglich und auch nicht nötig. Denn jede schädliche Schwingung wird als solche erfaßt, und alle werden in der gleichen Form der Unverträglichkeit aufgezeigt. Das genügt, denn in allen verschiedenen Fällen gilt es doch immer nur, sie als schädlich zu erkennen, um ihnen dann aus dem Weg zu gehen bzw. sie neutralisieren zu können.

- *Zum Überprüfen des Bettplatzes* legt sich der Betroffene auf sein Bett, Sie legen sich dicht daneben auf den Boden und halten den Sensor etwa in die Mitte zwischen Fußboden und Körper. Achten Sie auf Lockerheit im Körper, also keine Spannung in der zunächst ungewohnten Position! Das ist natürlich nur möglich bei hinreichend freiem Platz und bei freier Zugänglichkeit unterhalb des Bettes. Nehmen Sie diese Prüfung mindestens etwa viermal vor: unter dem Kopf, dem Oberbauch, den oberen Oberschenkeln und den Fußgelenken. Dann haben Sie für die gesamte Körperlänge alle Sicherheit.

- Wenn das nicht möglich oder Ihnen zu unbequem ist, *schieben Sie das Bett zur Seite* und prüfen Sie den Bettplatz an den eben aufgeführten vier Stellen, indem sich der Betroffene jeweils *auf einen Stuhl setzt* und Sie, wie sogleich beschrieben, unter seinem Sitz vorgehen. So haben Sie auch in diesem Fall alle Sicherheit.

- *Zum Überprüfen des Arbeitsplatzes im Sitzen* beachten Sie bitte: Benutzen Sie für die Untersuchung nur einen ganz einfachen Stuhl mit bespannter oder nur dünn bezogener Sitzfläche oder/und achten Sie darauf, daß die betreffende Person ganz auf dem vorderen Rand des Stuhls auf ihren Sitzknochen sitzt. Der Rumpf des Körpers befindet sich bei gutem Bodenkontakt der Füße zum großen Teil vor der eigentlichen Sitzfläche. (Sie könnte gegebenenfalls die Schwingung verfälschen!) Halten Sie nun den Energiesensor unterhalb der Sitzfläche zwischen das Gesäß des Sitzenden und den Fußboden direkt darunter. Wenn Sie sich dazu tief bücken, mit der freien Hand dabei auf dem Knie abstützen oder sich kurz auf die Knie niederlassen oder auf den Boden setzen, so ist das kein Problem. Probieren Sie diese Möglichkeiten einmal ernsthaft aus, und Sie werden rasch die Position finden, bei der Ihre Hand – wie erforderlich – das Gerät ganz ruhig halten kann.

- *Zum Überprüfen der Arbeitsposition im Stehen* prüfen Sie den Platz dadurch, daß Sie den betreffenden Menschen an dieser Stelle vorübergehend auf einen Stuhl setzen und wie eben gesagt vorgehen.

Um keinerlei Unklarheit zu lassen, noch ein hilfreiches Wort *für alle Leser, die diese Prüfung für sich selbst*, also für den eigenen Schlaf- bzw. Arbeitsplatz an ihrem eigenen Körper auf dem Stuhl sitzend vornehmen wollen. Die sinngemäße Anwendung dessen, was ich soeben darlegte, macht kaum Schwierigkeiten. Nur die Prüfarbeit unter dem eigenen Gesäß kann anfänglich ein gewisses Problem sein. Auch das ist viel einfacher zu lösen, als es zunächst scheinen mag:

- Setzen Sie sich, wie eben beschrieben, *ganz auf den vorderen Rand des Stuhls* und halten Sie den Energiesensor entweder von vorne zwischen die Beine nach hinten oder von der Seite her zwischen dem vorderen und hinteren Stuhlbein hindurch unter Ihr Gesäß.

- Das ist recht einfach, wenn Sie dabei *den Oberkörper nach vorn beugen*, um den Sensorkopf gut im Auge zu behalten.

- Achten Sie dabei auf die *Lockerheit im ganzen Körper* (Vorsicht vor Verspannungen in der zunächst ungewohnten Haltung!) und vergessen Sie nicht, die Finger der freien Hand locker zu schließen, wie immer Sie diese auch halten. Sie wissen ja: So vermeiden Sie die unerwünschte Aufnahme von anderen Schwingungen, die Ihr Prüfergebnis verfälschen könnten.

Beachten Sie diese Hinweise! Dann *erkennen Sie sofort die Einfachheit dieser Methode*, die für den Hausgebrauch völlig ausreicht und bei richtigem Vorgehen die erforderliche Sicherheit für das richtige Ergebnis gibt. Damit ist Ihnen das vergleichsweise langwierige umfassende Verfahren, das ich im vorigen Kapitel genau beschrieben habe, erspart. Für den gründlich vorgehenden Radiästhesisten hat dieses natürlich nach wie vor seine Bedeutung.

Jetzt möchte ich den Lesern, die in der praktischen Benutzung des Schwingpendels/Energiesensors schon hinreichende Erfahrung haben, noch etwas verraten, *was Ihnen auch diese Überprüfungsarbeit noch einmal beträchtlich erleichtert*. Die individuelle Schwingung des ganzen Menschen ist auch in seiner Hand wiedergegeben. Die individuelle Schwingung in der Hand ist umgekehrt auch die individuelle Schwingung des ganzen Menschen. Sie brauchen demnach bei der Untersuchung der Empfindlichkeit eines Menschen auf geopathische Belastung, also deren Verträglichkeit nicht den Menschen in seinem ganzen Körper zu überprüfen. Das war bei der bisherigen Behandlung der Fall. Es genügt, wenn Sie nur die ausgestreckte Hand des Betroffenen überprüfen, was nochmals ein gutes Stück einfacher ist. *In der Praxis sieht das einfach so aus*:

- Halten Sie Ihre locker ausgestreckte Hand nach unten über die Stelle, die Sie auf geopathische Belastung überprüfen wollen. Jetzt benutzen Sie Ihre Hand ja nicht als

Antenne (wie bei den Prüfungen im letzten Kapitel), sondern Sie setzen aktiv Ihr ganzes spezifisches Schwingungsfeld ein, bzw. die von Ihnen zu überprüfende Person tut es.

- *Den Sensorkopf halten Sie* etwa in die Mitte zwischen Fußboden und Hand und warten auf seine Reaktion: Bei Disharmonie der beiden sich berührenden Schwingungsfelder, also bei Ablehnung dieses ungesunden Platzes schwingt der Sensorkopf horizontal hin und her; je größer die Ablehnung, um so stärker. Welcher besonderen Art die Störung ist, ist gleichgültig. Bei Harmonie der beiden Felder, also bei Zustimmung, weil für den »Besitzer« der Hand diese Stelle ungestört ist, schwingt der Sensorkopf vertikal auf und ab. Erfahrungsgemäß kann es etwas länger dauern als sonst, bis das senkrechte Schwingen einsetzt (vermutlich weil die Anziehungskraft des normalen Bodens etwas schwächer ist als die eines speziellen Prüfobjekts oder Menschen). Das ist im Grunde schon alles.

- *Beseitigen Sie jede Fremdschwingung* unterhalb Ihrer ausgestreckten Hand, wie zum Beispiel ein benutztes Kopfkissen, Nachtbekleidung oder ein schon benutztes Taschentuch. Diese Dinge könnten das Ergebnis verfälschen.

- *Wie hoch die Hand gehalten wird*, ist gleichgültig. Denn die Störungsstrahlungen wirken alle senkrecht oder nahezu senkrecht nach oben, in Hochhäusern bekanntlich bis in die obersten Stockwerke hinauf.

- *Führen Sie die Prüfung möglichst an den unmittelbar be-*

troffenen Menschen durch, die an der Stelle schlafen oder arbeiten. Eine Sie persönlich belastende Störung wird zwar im allgemeinen auch für andere belastend sein, aber es gibt doch individuelle Unterschiede. Deshalb ist es ratsam, die Prüfung an sich selbst oder an anderen Personen als Stellvertreter zu vermeiden.

- Bei allen diesen Überprüfungsmöglichkeiten lautet die Sie bewegende Frage: »Ist diese Stelle für ... (mich bzw. für X) verträglich?«

Ich glaube, Sie sehen jetzt sofort, *wie außerordentlich einfach und wegen seiner Einfachheit auch treffsicher dieses Verfahren ist*. Im Grunde stellt es nichts anderes dar als die unmittelbare Anwendung der längst bekannten und benutzten Verträglichkeitsprüfung, bei der sich zwei verschiedene Schwingungsfelder gegenüberstehen bzw. einander berühren. Wenn Sie auf diese Weise die geopathische Belastung »für den Hausgebrauch« überprüfen, sind Sie die üblichen Umstände und Komplikationen los! *Das ist ein großer Schritt vorwärts*. Und ich darf meine Verwunderung darüber noch einmal wiederholen, daß ich erst nach 20 Jahren Umweg auf diese so einfache Methode kam. »Im Grunde ist alles einfach, aber das Einfache ist oft äußerst schwierig« – um ein Wort des großen strategischen Denkers von Clausewitz hier sinngemäß anzuwenden.

Ein letztes Wort dazu: *Lassen Sie sich nicht aus der Ruhe bringen*, wenn die nur an den Verstand glaubenden Leute Ihnen aus dem Gefängnis ihres engen, am nur Sichtbaren klebenden Denkens heraus etwas von Unsinn, Kritiklosigkeit, Schwindel, Zauberei oder gar von Teufelswerk erzählen. Wer einmal begriffen hat, daß wahrhaftig alles schwingende Energie ist, für den sind diese Zusammenhänge alle klar, ja zwingend – gerade in ihrer überzeugenden Einfachheit. Dahinter steht nichts anderes als das Gesetz der Natur. So einfach ist das. In einigen Jahrzehnten werden es auch diese Menschen begreifen, wenn sich die Erkenntnis der Allgegenwart der Energie gegen die Trägheit des Denkens allgemein durchgesetzt haben wird.

Der Elektrosmog

Ein gravierendes Problem in unserer heutigen Lebenssituation im Zusammenhang mit der geopathischen Belastung ist der immer bedrohlicher werdende Elektrosmog mit seinen durchaus akuten Gesundheitsgefährdungen. Die Gefährdungen, durch beide Strahlungen, laufen auf das gleiche Ergebnis hinaus. Sie haben weitgehend auch die gleiche Verursachung: die mehr oder minder tiefgreifenden Störungen der bioenergetischen, mikroelektrischen Prozesse in unserem Organismus.

Ich verweise in diesem Zusammenhang wieder auf mein »Großes Pendelbuch«, in dem ich mich in sorgfältiger Auswertung aller mir erreichbaren Unterlagen bemüht habe, die für uns Verbraucher *lebenspraktische Seite im täglichen Umgang mit der steigenden Zahl von Elektrogeräten* übersichtlich herauszustellen.[28] Eine ausführliche Darstellung würde den Rahmen dieses Buches sprengen. Da sich indessen viele Menschen heute noch unklar über diese Gefährdung durch Elektrosmog sind, möchte ich hier wenigstens ihre Grundlagen aufzeigen. Unser aller Gefährdung wird sich in den kommenden Jahren durch die schleichende Akkumulierung der vielen »kleinen« Belastungen ohne jeden Zweifel weiter verschärfen.

Das gezielte Herunterspielen dieser vielfältigen Gefahr durch die an ihrer Negierung interessierten Kreise kann sie gewiß nicht wegzaubern.

Was ist Elektrosmog? Es ist der sich einbürgernde Begriff für die negativen Auswirkungen auf Umwelt und Gesundheit, die von vielen heute gebräuchlichen elektrischen Einrichtungen und Geräten, genauer von niederfrequenten und hochfrequenten elektromagnetischen Feldern ausgehen. Wir Menschen können nur einen kleinen Teil des riesigen elektromagnetischen Spektrums mit unseren Sinnen wahrnehmen, nämlich das sichtbare Licht und die Wärme von Infrarotstrahlen. Für die ultravioletten und die Röntgenstrahlen, für die Mikro-, die Radio- und Fernsehwellen, die Felder unseres üblichen Wechselstroms und für die radioaktiven Gammastrahlen sind wir blind, taub und gefühllos. Für unsere Sinne existieren sie nicht, und daher sind sie für manche Leute der Einfachheit halber eben nicht da.

Was bewirkt der Elektrosmog im menschlichen Körper? Jede lebende Körperzelle ist ein winziges Kraftwerk, das nur in seiner ungestörten Form richtig arbeitet. Es wird durch entsprechende bioelektrische Reize zu bestimmten Reaktionen veranlaßt. Weil die dem Elektrosmog zugrundeliegenden Felder solche bewirken, können diese zu akuten Schädigungen unseres Körpers führen. Verschiedene solcher Reaktionen und Schädigungen sind heute klar bewiesen, während sich Fachleute über andere noch nicht einig sind. Es kann indessen kein Zweifel mehr darüber bestehen, daß es hier um mögliche schwere Gesundheitsschädigungen geht.

Ich hatte eigentlich vor, Ihnen an dieser Stelle wenigstens eine beschränkte Auswahl der elektrischen Geräte zusammenzustellen, die für den durchschnittlichen Haushalt am wichtigsten sind. Ich gestehe jedoch, daß ich mit diesem Versuch scheiterte. Die Auswahl müßte willkürlich sein. Elektrische und elektronische Geräte sind heute so weit verbreitet und werden es immer mehr, daß jede Auswahl sinnlos erscheint. Haben Sie dafür bitte Verständnis.

Lassen Sie mich lieber in aller Kürze über *drei persönliche Erlebnisse* berichten, die für sich sprechen. Sie zeigen, wie anfällig sensible Menschen für die feinsten Schwingungen sind, mit denen ihr Körper nicht mehr fertig wird. Es leuchtet ein, daß Frauen, die von Natur aus sensibler (empfindsamer und empfindlicher) sind als Männer, in erhöhtem Maß gefährdet sind.

1. *Eine sensible Frau fühlt sich trotz sorgfältigster Entstörung ihres Bettes* von geopathischer Belastung darin nicht wohl; ihr Schlaf ist mehr und mehr beeinträchtigt und nach einigen Monaten stellen sich echte Störungen ein. Was war die schließlich gefundene Ursache? Am Kopfende des Bettes befand sich, einen halben Meter erhöht, ein Nachtlämpchen. Das Leitungskabel war am Fußboden liegend, also einen halben Meter tiefer und unterhalb des Bodenteppichs zu einer etwa einen guten Meter entfernten Steckdose geführt, wo es unsichtbar angeschlossen war. Die störende Ausstrahlung dieser elektrischen Leitung war ohne Unterlaß da. Nachdem der Stromanschluß gelöst und das Kabel entfernt (wesentlich!) worden war, war die Störung beseitigt und der Schlaf wieder einwandfrei.

2. *Übernachtung im Hotel*: Ein am elektrischen Netz angeschlossener *Radiowecker* befindet sich etwa 40 bis 70 Zentimeter entfernt vom Kopf der Schlafenden. Schon in der zweiten Nacht fühlt sich die Dame kurze Zeit nach dem Zubettgehen wie von einer unsichtbaren Kraft »aufgekratzt«, braucht im Gegensatz zu sonst über eine Stunde bis zum Einschlafen, schläft die ganze Nacht unruhig mit häufigem kurzem Erwachen dazwischen. In der dritten Nacht kann sie vier Stunden lang nicht einschlafen und fühlt sich am nächsten Morgen »wie gerädert«. Grund: der netzabhängige Radiowecker. Für die folgende Nacht wird der Wecker herausgezogen und weggestellt: Von da ab schläft sie einwandfrei.

3. *Eine sportlich durchtrainierte Dame übernachtet bei einer befreundeten Familie*. Sie legt vor dem Zubettgehen ihre geliebte *Amethyst-Halskette neben den Radiowecker* auf den Nachttisch, den sie wegen des Weckers bewußt einen halben Meter wegschiebt. Am nächsten Tag fühlt sie sich wenige Minuten nach Anlegen der Halskette ganz plötzlich erbärmlich schlecht, hat Atemnot und Brechreiz, so daß sie sich auf der Stelle hinlegen muß. Sie erkennt: die Kette! Sie nimmt sie ab und legt sie möglichst weit weg. Nach mehreren Stunden erholt sie sich langsam ... – Was war der Grund? Die Amethyststeine der Kette hatten sich die ganze Nacht über in der unmittelbaren Nähe des Radioweckers sozusagen total gesättigt mit dessen gefährlichen elektromagnetischen Ausstrahlungen. – Mancher stellt harmlos ein Glas Wasser für die Nacht auf den Nachttisch bereit und wundert sich dann ... – Fachleute raten, netzabhängige Radiowecker, besonders bestimmte Fabrikate, eineinhalb Meter weg vom Kopf zu stellen. Und dazu gehört, Abstand zu halten von ihm mit allem, was enger mit dem Körper zu tun hat!

Nachsatz: Viele Menschen denken: *»Ach was, mir macht das gar nichts ....«* – Man merkt im Augenblick nichts, aber wie sieht es in einigen Tagen, Wochen, Monaten, Jahren aus? Einmal ist das Maß des Verkraftbaren voll und auch die Widerstandskraft der robustesten Natur erschöpft. – Hinzu kommt, daß *die Grenzwerte der deutschen Schutzbestimmungen* durchweg um ein Mehrfaches (bis zu 30fach!) höher als die der Weltgesundheitsorganisation liegen! Muß man sich dann über die entsprechend erhöhte Gefährdung noch wundern?

Wie können Sie den Elektrosmog feststellen? Halten Sie Ihre locker geöffnete linke Hand vor einen beliebigen Schalter, auch wenn der Strom nicht fließt, oder eine Steckdose, und warten Sie, wie der Sensor reagiert! Gehen Sie auf ein Radio, einen Fernseher oder ein anderes Gerät zu und benutzen Sie die linke Hand als Antenne nach Art des Baumtests (Kapitel »Praktisches Einarbeiten«, Seite 74 ff.). Warten Sie auf die Reaktion! Sie werden erstaunt sein, wie lebhaft der Sensorkopf bald nach links dreht. *Die Intensität* dieser absolut negativen Reaktion können Sie auf der 100%-Kenntafel nach dem bekannten Verfahren ablesen. Am Anfang möchte man dieses »schlechte Ergebnis« gar nicht für möglich halten.

Das Entstörungsproblem

Nun zu der wichtigen Frage: *Wie können Sie sich gegen die schädlichen Auswirkungen der geopathischen Belastung schützen*? Gibt es Entstörungsmöglichkeiten – wie man dazu gern sagt –, und wenn ja, welche?

Der beste Schutz, den wir uns denken können, ist, *allen Störungsstellen peinlich aus dem Weg zu gehen*: den Reizstreifen und erst recht den Kreuzungen des Globalen Gitternetzes und allen anderen belastenden Quellen. Die Tiere und oft auch kleine Kinder machen uns das vor, soweit sie es können. Zum Beispiel haben Kinder nicht selten eine auffallende Vorliebe für den äußersten Rand in ihrem Kinderbettchen oder Laufstall. So entfliehen sie zum Leidwesen der »ordentlichen« Mutter der in der Mitte befindlichen geobiologischen Gefahrenstelle, die der Energiesensor rasch entdeckt hat. Zuerst müssen wir solche gefährlichen Stellen natürlich erkennen, um sie dann zu vermeiden. Das können wir durch Verschieben des Bettes (oder des Arbeitsplatzes) an einen ungestörten Ort, dessen wir uns natürlich zuerst versichern müssen. Die nötigen Hinweise zur sauberen Festlegung eines ungestörten Ortes haben Sie kennengelernt.

Glauben Sie bitte nicht, Sie seien *in einem der oberen Stockwerke eines Hochhauses sicherer*! Eher das Gegenteil ist der Fall. Denn die Stahlbetonbauweise sorgt für eine breitere Streuung dieser feinsten Reizstrahlungen, übrigens ebenso wie *Stahlfedermatratzen mit ihrem Metallrahmen*. Ein Holzbett, das an einem ungestörten Platz steht, ist in jedem Fall vorzuziehen.

Aber was tun, wenn in einer engen Wohnung oder im kleinen Schlafzimmer kein Platz für das Verschieben an eine andere Stelle ist? Wenn eine normalerweise »unmögliche« Position halbquer im Raum nicht in Betracht kommt? Dann hilft nur *die »Entstörung« des Schlafplatzes oder die »Abschirmung« der gefährlichen Einwirkungen*. Zu diesem Zweck werden heute auf dem Markt schon eine Vielzahl von Entstör- und Abschirmgeräten oder Strahlenschutzdecken angeboten und vielfältige Empfehlungen gegeben, über deren Einzelheiten Sie sich in meinem Pendelbuch etwas genauer informieren können. Für all diese Maßnahmen gilt, und darüber sind sich die Fachleute in allen Ländern einig: Es *gibt auf Dauer keine wirkliche Entstörung*, also Beseitigung aller störenden Momente.

Neben Dr. med. Ernst Hartmann und dem Physiker Reinhard Schneider vertritt auch Dr. med. Dieter Aschoff eindeutig diese Ansicht.[29] *Gewisse Absorptions- und Strahlenschutzdecken* verhindern zwar störende oder belastende Strahlung, sie unterbinden aber gleichzeitig *jegliche* aus dem Kosmos kommende Strahlung, auch solche, die der Organismus zu seinem Wohlbefinden allenfalls kurze, aber niemals längere Zeit entbehren kann, wie die allerfeinsten ultravioletten oder auch infraroten Wellen. So entsteht ein bioenergetisch gesehen toter Aufenthaltsort für den Menschen, der auf die Dauer alles andere als gute Auswirkungen hat. Auch die Verwendung von Korkplatten zur Entstörung hat die gleiche ambivalente Wirkung.

Über Jahrzehnte gehende, kritische Untersuchungen haben gezeigt,

- daß die Entstörstrahlungen zu verschiedenartig sind und sich ständig ändernden Bedingungen von Wetter, erdgebundenen und kosmischen Einflüssen unterworfen sind, so daß sie sich gar nicht präzise erfassen lassen.
- daß jedes für Entstörung bestimmte Gerät seine eigenen Gesetze hat, je »entwickelter« es ist, desto mehr, was nur erneut bestätigen kann, wie kompliziert und schwer durchschaubar diese Zusammenhänge sind, trotz aller physikalischen Erkenntnisse.
- daß speziell abwehrende Metallfolien bzw. ihre Oberflächen sich mit negativer Aufladung sättigen, so daß die am

Anfang effektiv vorhandene und »demonstrierte« Abhilfe nach einigen Tagen bis höchstens einigen Wochen vorbei ist.

- daß auch die positiven Strahlungen aus Erde und Kosmos abgewiesen werden, die unser Körper braucht.
- daß in vielen Fällen der Zustand nachher schlimmer ist als zuvor.
- daß, je teurer das Angebot für solche Hilfen, um so mehr Kritik am Platz ist. Wie in allen Vertrauensberufen und -tätigkeiten gibt es eben leider auf diesem Gebiet durchaus seriöse Berater und eher eine größere Zahl von Geschäftemachern.

Eine auf Dauer wirkungsvolle Entstörung kann es also nicht geben, die man einmal installieren und dann für immer vergessen könnte. *Ich kann Ihnen jedoch mit wirklich gutem Gewissen das folgende Verfahren empfehlen*, das

- zwar mit (im allgemeinen dreitäg) wiederkehrender kleiner Mühe verbunden ist,
- nun seit vielen Jahren nicht nur in unserer eigenen Familie, sondern in einem mittlerweile beachtlichen Kreis von kritischen Menschen mit vollem Erfolg praktiziert wird,
- Sie zudem praktisch nichts kostet:

Es ist die Neutralisierung der geopathischen Belastung durch Vita-Wasser, also durch vitalisiertes, mit Lebensenergie angereichertes Wasser. Über dieses an Orten der Kraft gewonnene heilsame Wasser habe ich schon gegen Ende des letzten Buchteils berichtet. Es wird

- entweder direkt an einem Ort der Kraft »aufgeladen«
- oder dicht am Stamm eines gesunden, kräftigen Baums
- oder durch einen Bergkristall oder Rosenquarz
- oder unter einer Energiespirale.

Dazu genügen im allgemeinen für einen handlichen Dreiliterbehälter 1-2 Stunden. Im praktischen Alltag braucht man den Wasserbehälter der Einfachheit halber nur während des Tages oder der Nacht aufzustellen bzw. den Halbedelstein hineinzulegen. Zu langes Aufladen kann nie schaden, weil sich das Wasser nicht übersättigen kann. Ist seine Kapazität aufgefüllt, nimmt es keine weitere Energie mehr auf.

So wie das Wasser auf diese Weise positive Energie anreichert, *nimmt es dann die negativen Schwingungen der geopathischen Belastung auf*, der es ausgesetzt wird. Die eben genannte Wassermenge von etwa drei Liter nimmt diese in einem Durchmesser von etwa 1,00-1,30 m auf, und zwar zwei bis maximal drei Nächte (bzw. Tage) lang. Sie können den Behälter an Ort und Stelle unter Ihrem Bett oder notfalls dicht an seinem Rand aufstellen, wenn möglich genau im Mittelpunkt der Belastungszone, also etwa genau über einem Kreuzungspunkt des Globalen Gitternetzes. Es empfiehlt sich, daß Sie in jedem Einzelfall mit Ihrem Energiesensor und mit der Ihnen bekannten präzisen Methode der Mittelfingerantenne an der betroffenen Störungsstelle nachprüfen, wie lange und in welchem räumlichen Umkreis die entstörende Neutralisierung der geopathischen Belastung anhält. Nehmen Sie die eben genannten Werte nur als allgemeine Hinweisdaten; sie können im konkreten Einzelfall unter- oder auch überschritten werden, je nach der Intensität der Störung, der positiven Aufladung Ihres Wassers, den besonderen geologischen Bedingungen usw. Auf jeden Fall ist das Wasser zeitgerecht immer wieder zu erneuern.

Denn dann ist seine Anreicherung mit positiver Energie *durch die stetige Aufnahme der negativen Energiestrahlungen aus der Störzone so verbraucht*, daß die weitere Benutzung sinnlos wäre und sogar gefährlich und schädlich. Wenn Sie nämlich nach mehreren Tagen und Nächten dieses Wasser mit dem Energiesensor überprüfen, werden Sie den ständigen Wechsel von lebhaftem senkrechten Auf und Ab mit klarer und kräftiger Linksdrehung erleben, was Ihnen anzeigt, daß dieses Wasser jetzt »giftig« geworden ist. Schütten Sie es deshalb ohne Bedenken weg, und verwenden Sie es bitte nicht in falscher Sparsamkeit etwa zum Blumengießen oder für den Hundenapf oder gar zum Kochen. Sie brauchen es nicht auszuprobieren: Ihre Blumen würden eingehen.

Versäumen Sie nicht, die Neutralisierung der Störungsstrahlung zu überprüfen: Ihr Energiesensor bleibt still stehen, auch wenn Sie ihn noch so lange in ruhiger Position halten. Dies zeigt die Störungsfreiheit des Ortes an. Es kann auch sein, daß der Sensorkopf senkrecht etwas auf- und abschwingt, weil noch positive, auf keinen Fall jedoch negative Energie vorherrscht, auch dann wenn Sie mit nach unten ausgestreckter Hand die vereinfachte Verträglichkeitsprüfung vornehmen.

Eine letzte Bemerkung: *Gelegentlich treten nach dem Wechsel* des Schlaf- (oder Arbeits-)Platzes von einem stark gestörten zu einem störungsfreien Ort *unangenehme Reaktionen auf*. Das ist nicht oft der Fall, könnte aber bei Ihnen vorkommen, wobei dies jedoch kein Grund zur Beunruhigung ist. Unser Organismus, der sich an nahezu alles gewöhnen kann und immer das Seine tut, um mit einer Schwierigkeit fertig zu werden, muß sich jetzt umstellen. Das kann mit einem gewissen Unbehagen, Kopfschmerzen oder Schlafstörungen verbunden sein und macht sich gern am Ort des geringsten Widerstandes im Organismus bemerkbar. Es handelt sich hier um eine Art Entzugserscheinung bei der Ablösung von oft seit Jahren Eingewöhntem. Sie können beruhigt sein: Wenn diese Erscheinungen überhaupt auftreten, dann dauern sie zumeist nur wenige Tage oder Nächte an und machen dann einer Befreiung des ganzen Organismus Platz und gar nicht selten einer neuen, seither nicht mehr gefühlten Lebensfreude. Eine dafür typische Äußerung: »Ich fühle mich wie neugeboren!«

Schlußwort

So sehr wir also vor den geopathischen Störfeldern auf der Hut sein müssen, so sind wir ihnen doch nicht hilflos ausgeliefert. Wir können ihnen ausweichen oder uns vor ihnen schützen, indem wir sie neutralisieren. Allerdings erfordert das, wie Sie gesehen haben, *unsere wiederkehrende konstante Bemühung*, die gewiß nicht groß ist, aber beibehalten werden muß. Und was auf diesem Gebiet gilt, das gilt in gleicher Weise für alles, was Sie in diesem Buch gelesen haben: Die Beherrschung des Schwingpendels/Energiesensors braucht seine Zeit, um sich Schritt für Schritt voll zu entwickeln. Alles muß in Ruhe reifen können. Es wird uns Menschen in dieser Welt nun einmal nichts geschenkt. Wir müssen uns alles mehr oder minder mühsam verdienen. Warum sollte das hier anders sein?

Ganz bewußt habe ich mich in diesem Buch darauf beschränkt, *nur solche Anwendungen des Energiesensors aufzuzeigen, die sich im täglichen Leben praktisch bewährt haben*. Ich bin mir sicher, daß er uns weitergehende Erkenntnisse, Hilfe und vielfältige Anregungen geben kann. Ich hüte mich aber vor vorschnellen Mitteilungen, ehe sie nicht auf breiter Basis bestätigt sind. Ich möchte Sie alle aufrufen, Ihrerseits, wann immer Ihnen Gedanken zu weiterer praktischer Anwendung kommen, Ihre Versuche zu machen, dabei aber niemals das »Salz der Kritik« außer acht zu lassen. Und bleiben Sie dabei immer eingedenk der naturgegebenen Voraussetzungen für das ersprießliche Arbeiten mit dem Energiesensor, die ich im ersten Buchteil in einem kurzen Kapitel zusammengefaßt habe.

Zugleich bitte ich Sie um Verständnis für folgende Warnung: Machen Sie sich nicht im falschen Sinn abhängig von Ihrem Energiesensor! Er soll uns helfen, wenn wir in Bedrängnis kommen. Er soll uns jedoch unter keinen Umständen unsere menschliche Selbständigkeit, unsere Eigenverantwortlichkeit, unsere täglichen kleinen oder größeren Entscheidungen so abnehmen, daß wir uns am Ende in einer Art sklavischer Abhängigkeit von ihm befinden. Das wäre geradezu menschenunwürdig und das Letzte, was ich mit diesem Buch bewirken möchte. Der Mensch, der sich um sein weiteres Wachsen und Reifen bemüht, muß immer der Herr seiner Entscheidungen bleiben. Das schließt nicht aus, daß er sich der hilfreichen Beratung durch seinen Energiesensor bedient.

Verschiedentlich habe ich in diesem Buch auch von Rute und Pendel gesprochen. Der Radiästhet, der die Welt der Schwingungen, der allgegenwärtig fließenden, schwingenden Energie in ihren vielen Erscheinungsformen prinzipiell erfaßt hat und sich um ihre weitere Kenntnis und Auswertung bemüht, wird nicht nur mit dem Energiesensor, sondern *mit allen drei radiästhetischen Werkzeugen arbeiten.* Jedes der Werkzeuge hat für bestimmte Anwendungen seine Stärken und Schwächen. Erst der sinnvolle Einsatz des jeweiligen Gerätes zu dem dafür bestgeeigneten Zweck erschließt dem Radiästheten die Fülle der Verwendungsmöglichkeiten, die die gewaltigen Schöpferkräfte der Natur uns bieten.

Danken wir für dieses schlichte und großartige Gerät der Schöpfung! Es hilft uns, die Weite und Tiefe von Natur und Leben besser zu erfahren. Es gibt uns einen Einblick in die geheimnisvolle Welt der Schwingungen, in die winzigen Bausteine unserer Welt und unseres eigenen Seins. So können wir in unserem kleinen Mensch-Sein der unendlichen, allgewaltigen und über allem Sein stehenden Kraft, die wir gern als kosmische oder göttliche bezeichnen, einen Hauch näherkommen. Die Hintergründe mögen der Enge unseres Denkens verborgen bleiben, weswegen sie doch in ihrer eigenen Gesetzlichkeit wirken.

Halten wir uns an das Wort Goethes: »Das schönste Glück des denkenden Menschen ist: das Erforschbare erforscht zu haben und das Unerforschbare ruhig zu verehren.« In diesem Sinne können wir getrost das, was uns die Schöpfung in ihrer Weisheit bietet, demütig und dankbar nutzen, zu unserem eigenen und zum Heil unserer Mitmenschen.

Alles für Sie Wesentliche können Sie diesem Werk entnehmen. Haben Sie bitte dafür Verständnis, daß der Verfasser wegen Überlastung mit anderen Arbeiten außerhalb der von ihm abgehaltenen Seminare keine zusätzlichen Auskünfte geben kann. – Er kann auch nicht verantwortlich sein für das, was der Leser dieses Buches von sich aus bei seinen eigenen Bemühungen aus dem Inhalt macht.

Sorgfältig gefertigte Energiesensoren können Sie bestellen bei Frau Barbara Stangl, Leopoldstr. 5, D-68766 Hockenheim, Tel. 06205/284804.

Anmerkungen

1 Bier, August: Die Seele. München-Berlin 1939.
2 Stangl, Anton: Das große Pendelbuch – Persönlichkeit, Gesundheit und erfülltes Leben. Mit 84 Pendeltafeln im Sonderheft, 344 Seiten, ECON Verlag. Düsseldorf 1996.
3 Siehe Stangl, Anton: Heilen aus geistiger Kraft – Zur Aktivierung innerer Energien. 1980, Hoffnung auf Heilung – seelisches Gleichgewicht bei schwerer Krankheit. 1984, Die geheime Kraft in uns – Ursprünge unserer Lebensenergie. 1992.
4 Siehe Stangl, Anton: Die vergessene Welt der Gefühle. 1986.
5 Genaueres in Stangl, Anton: Die Sprache des Körpers – Menschenkenntnis für Alltag und Beruf. 1974.
6 Siehe Stangl, Anton und Marie-Luise: Lebenskraft – Selbstverwirklichung durch Eutonie und Zen. 1974.
7 Siehe Buch Anm. 6,1. Teil, »Das Prinzip von Spannung und Lösung der Lebenskraft«.
8 Siehe die anderen Bücher des Verfassers und seiner Frau Marie-Luise, alle im ECON Verlag.
9 Siehe Anm. 2.
10 Siehe die beiden erstgenannten Bücher der Anm. 3, im zweitgenannten S. 39-48 bzw. S. 54.
11 Siehe Stangl, Marie-Luise: Die Welt der Chakren – Praktische Übungen zur Seins-Erfahrung: Hier ist auch deutlich der Zusammenhang der vielen tausend Jahre alten Chakrenlehre mit dem Drüsensystem der modernen westlichen Medizin betont.
12 Im 1. Teil des Buches »Lebenskraft«, mit Ergänzungen in »Die Sprache des Körpers« (vor allem hinsichtlich ihrer äußeren Erkennbarkeit in Gestik, Mimik, Gehen, Sprache usw.) und in »Hoffnung auf Heilung« (bezüglich der lebenswichtigen Auswirkungen auf Gesundheit und Krankheit).
13 Einfacher geht das mit dem Pendel in der Übersichtstabelle 18 des »Großen Pendelbuches«: »Die verschiedenen Körperbereiche«.
14 Siehe Buch Anm. 2 in dem Buchteil »Psychologisches Pendeln – Erfassen der menschlichen Persönlichkeit«, vor allem in den Kapi-

teln über Männlichkeit und Weiblichkeit und die eheliche bzw. partnerschaftliche Übereinstimmung.

15 Siehe Buch Anm. 4, vor allem die ersten vier Kapitel sowie Kapitel 9-11.

16 Siehe im Buch Stangl, Marie-Luise und Anton: Hoffnung auf Heilung – Seelisches Gleichgewicht bei schwerer Krankheit, S. 39-48 bzw. S. 54.

17 Siehe obige Anm. 11.

18 Siehe im Literaturverzeichnis.

19 Bericht in FAZ/Reiseblatt vom 1.11.1984.

20 Siehe Buch Anm. 2: Die Ausführungen zu den Pendeltafeln 59, 60 und S. 191.

21 Siehe Buch Anm. 2, S. 257 ff.

22 Siehe Buch Anm. 2, S. 235-238.

23 Zeitschrift »raum und zeit«, 77/95, Seite 101.

24 Siehe Buch Anm. 16, das im 1. Teil eine sorgfältige Auswertung der verschiedenen Ursachen bringt.

25 Laut Prof. Waltraud Wagner: Reizende Erde: Elektromagnetische Felder in unserer Umwelt ...«, siehe Literaturverzeichnis.

26 Laut P. G. Rademacher und A. Bachmann in der Zeitschrift »raum und zeit«, Heft 22, Juni 1986, Seite 27, »Der biophysikalische Nachweis von Störfeldern«.

27 Entnommen dem Buch Anm. 2, S. 253.

28 Siehe Buch Anm. 2, S. 178-182.

29 Dieser in seinem Aufsatz »Physikalische Phänomene und ihre biologischen Wirkungen über geopathogene Störzonen« in der Zeitschrift wie Anm. 26, S. 32.

Literatur

Bachler, Käthe: Erfahrungen einer Rutengängerin. Geobiologische Einflüsse auf den Menschen. Linz-Wien-Passau, 5. Aufl. 1981
Bachler, Käthe: Der gute Platz. Linz, 3. Aufl. 1986
Bhattacharyya, B.: Magnet Dowsing or The Magnet Study Of Life. Calcutta 1976
Bischof, Marco: Biophotonen – Das Licht in unseren Zellen. Frankfurt 1995
Chopra, Deepak: The Seven Spiritual Laws Of Success. San Rafael, Cal. 1994
Cramer, Friedrich: Chaos und Ordnung – Die komplexe Struktur des Lebendigen. Stuttgart, 3. Aufl. 1989
Farkas, Boris: Angewandte Radiästhesie. Pendel und Wünschelrute in der Praxis. Freiburg 1989
Florek, Reinhard: Das Runenhandbuch – Erkenntnis und Lebenskraft aus den geheimnisvollen Worten und Zeichen. Aintrang, 2. Aufl. 1992
Graves, Tom: Pendel und Wünschelrute: Radiästhesie. Theorie und praktische Anwendung. München, 3. Aufl. 1984
Hartmann, Ernst: Krankheit als Standortproblem. Heidelberg
Hills, Christopher: Supersensonic Instruments Of Knowing. Boulder Creek, Cal. 1975
Hoch, Ernst: Strahlenfühligkeit – Umgang mit Rute und Pendel. Linz-Wien-Passau, 2. Aufl. 1983
Höpfner, Otto: Einhandrute und Pyramidenenergie. Neuwied 1996
Hürlimann, Gertrud I.: Pendeln ist erlernbar. Zürich, 3. Aufl. 1993
Jakob, Dr. med. Georg: Das medizinische Pendelbuch. Bietigheim 1973
Jürgens, Heinrich: Die Wünschelrute und ihr Gebrauch. Freiburg, 7. Aufl. 1983
Juriaanse, D.: Das praktische Pendelbuch. München 1985
Kirchner, Georg: Pendel und Wünschelrute. Handbuch der modernen Radiästhesie. Genf, 5. Aufl. 1981
König, H. L. und *Betz, H.-D.:* Erdstrahlen? Der Wünschelruten-Report. Wissenschaftlicher Untersuchungsbericht. München 1989

Krippner, Stanley und *Rubin, Daniel (Hsgb.):* Lichtbilder der Seele – Psi sichtbar gemacht. München 1980
Zur Linden, Volker und Helga: Sistema inmunitario y su cuidado natural. Barcelona 1990
Mlaker, Rudolf: Geistiges Pendeln. Forschungsergebnisse. Berlin, 3. Aufl. 1973
Nielsen, Greg: Beyond Pendulum Power Entering Energy World. Reno/ Nevada 1988
Nörr, Ewald: Steige herauf – Der Spiritualismus im Lichte der Bibel. Heilbronn 1986
Oberbach, Dr. Josef: Feuer des Lebens. Grünwald 1980
Opitz, Christian: Unbegrenzte Lebenskraft durch Tachyonen. Waldfeucht 1996
Pennik, N.: Handbuch der angewandten Geomantie. Stuttgart, 4. Aufl. 1997
Pogacnik, Marko: Schule der Geomantie. München 1996
Von Pohl, Gustav Freiherr: Erdstrahlen als Krankheits- und Krebserreger. Feucht 1978
Popp, Fritz Albert: Neue Horizonte in der Medizin. Heidelberg, 2. Aufl. 1987
Schmidt, Paul: Symphonie der Lebenskräfte. Lennestadt 1986
Schneider, Reinhard: Leitfaden und Lehrkurs der Ruten- und Pendelkunst. Einführung in die Radiästhesie. Wertheim 1980
Russell, Peter: Die erwachende Erde. München 1984
Spiesberger, Karl: Der erfolgreiche Pendelpraktiker. Freiburg, 8. Aufl. 1978
Stangl, Anton und Marie-Luise: Lebenskraft – Im Einklang mit sich selbst durch Eutonie und Zen. Darmstadt 2004
Stangl, Anton: Pendeln. Persönlichkeit, Gesundheit, Lebensalltag, Geopathie. Mit 33 bewährten Pendeltafeln. Düsseldorf, 16. Aufl. 2002
Stangl, Anton: Das Große Pendelbuch. Persönlichkeit, Gesundheit und erfülltes Leben. Mit 84 Pendeltafeln. Düsseldorf 1996
Stangl, Anton: Urschöpfungskraft und Freie Energie – So nutzen Sie die Quelle der Gesundheit. Darmstadt 2004
Wetzel, Claus-Michael: Pendel und Rute für Sie. München 1989
Zeitschrift »Raum und Zeit«, Dietramszell: Laufende Veröffendlichungen.